William Andrews

The Order for Morning and Evening Prayer,

and administration of the sacraments, and some other offices of the church,

together with a collection of prayers, and some sentences of the Holy Scriptures,

necessary for knowledge practice.

William Andrews

The Order for Morning and Evening Prayer,
and administration of the sacraments, and some other offices of the church, together with a collection of prayers, and some sentences of the Holy Scriptures, necessary for knowledge practice.

ISBN/EAN: 9783337248604

Printed in Europe, USA, Canada, Australia, Japan

Cover: Foto ©Lupo / pixelio.de

More available books at **www.hansebooks.com**

The ORDER
For Morning and Evening PRAYER,

And Administration of the

SACRAMENTS,

AND SOME OTHER

OFFICES of the CHURCH,

Together with
A Collection of Prayers, and some Sentences of the Holy Scriptures, necessary for Knowledge Practice.

N E

Yagawagh Niyadewighniserage Yonderaenayendaghkwa orghoongene neoni Yogaraskha yoghseragwegough. Neoni Yagawagh Sakramenthogoon, neoni oya Addereanaiyent ne Onoghsadogeaghtige.

O N I

Ne Watkeanissaghtough Odd'yage Addereanaiyent, neoni Siniyoghthare ne Kaghyadoghseradogeaghti, ne Wahooni Ayagoderieandaragge neoni Ayondadderighhoenie.

Collected, and translated into the *Mohawk* Language under the Direction of the late Rev. Mr. *William Andrews*, the late Rev. Dr. *Henry Barclay*, and the Rev. Mr. *John Oglivie:* Formerly Missionaries from the venerable Society for the Propagation of the Gospel in Foreign Parts, to the *Mohawk Indians.*

Printed in the Year, M,DCC,LXIX.

The CONTENTS.

1. THE Order for Morning Prayer
2. The Order for Evening Prayer
3. The Litany
4. Some occasional Prayers and a general Thanksgiving
5. The Catechism
6. A Collection of Prayers
7. Some Psalms, and Chapters of the Holy Bible
8. A Collection of some Sentences of the Holy Scriptures, &c.
9. The Order for the Ministration of the Holy Communion
10. The Order for the public Baptism of Infants
11. The Solemnization of Matrimony
12. The Order for the Burial of the Dead
13. Part of the Singing Psalms, &c.

1. NE Yagawagh Niyadewighniserage Yonderaenayendaghkwa orghoongene Goghseragwegough
2. Ne Yagawagh Niyadewighniserage Yonderaenayendaghkwa Yogaraskha Yoghseragwegough
3. Siukknoonwe Yondereanaiyendaghkwe
4. Odd'yage Addereanaiyent neoni ne Yondoghraatha
5. Yondatderighhoenyenneathagh
6. Ne Watkeanissaghtough ne Addereanaiyent
7. Odd'yage Tikarighwaghkwatha, neoni Kapitlehogoon ne Kaghyadoghseradageaghti
8. Ne Watkeanissaghtough Odd'yage Siniyoghthare ne Kaghyadoghseradogeaghti
9. Yagawagh Orighwadogeaghti Tegarighwagighhadont
10. Yagawagh Yondatnegosseraghsk ne Icksaagoah
11. Yagawagh ne Yagonyaksk
12. Ne Addereanaiyent ne Yagaweaheiyoghserongh
13. Odd'yage Tikarighwaghkwatha

The Order for Morning Prayer daily throughout the Year.

Ne Yagawagh Niyadewighniſerage Yonderaenayendaghkwagge orghhoungene Goghſeragwegough.

Sentences of the Holy Scriptures.

Yondaddiyadaghkwa Kaghyadoghſeradogeaghti.

KATKE ne yagorighwannerakſkough ne enjondonhaganɔoni raorighwannerakſeragwegough ne sinihad'yerheghkwe, neoni agwegough enhoyenawagoughhagge k'heyeni neoni attaggwarighſhughtſera, ethone enyonhegge raodonheſt.

Kiyenderi aggwaderighwaddewaghtogſera, neoni akhaendon tuitkont yegaayenaggerighwannerakſere.

Sadkoughſaghſeghſiyounggwarighwannerre, neoni ſaſaghtouh ongwarigwannerakſera agwegough.

Ne addaddawi Niyoh naah deganigoghriagon tuiddiyagough : Neoni ſiyagaweriaghſanitſkha, O Niyoh, yaghthasſkehronyane.

Saddadderiaghſaraedjongo, neoni yaghta ſaneenna, neoni taonſaſadkarhadyni kayanerne ſaniyok : Ikea
A raendeanraſk,

raendeanrafk, neoni ronidarefkough, ronigoenres, neoni karighwiyughtferowane, neoni ronhaddusk siniyodakfeh.

Kayanerne ongwaniyoh tewannidareghtferayeahogough neoni addadderighwiyuftani, nefane yaghte yongwathoendaddoen; neoni kwawennond'yon ne Raoweana ne kayaner Ongwaniyoh, ne ayakwefegge he faggaweannihogoughtferagough ne fonggwaw*i*.

O kayaner, takrewagt, yaghfanagweaghferagough; ne wahoeni yaghthafwaghtonde.

Saddatrewaght, ikea ne karonghyage ne kayanertfera ok etho yeyo.

Enkadkitsko, neoni Ragenihha eangighte. neoni enhiyegfnire, Rageni, gerighwannerakteani karonghyage, neoni faghhaendon; neoni yaghfehha I'hadeyaggenife eghtjeenah ayongenadon.

Togfa aghfadowwiate kadjeeghhayeeghtferagough ne eghtfinhafe, ikea yaghonkka ne yagonhe yagoderighwagwarighfhughfera, O Kayaner fefkoughfonde.

Ageahagge ayagwearough yaghtea yungwarighwanerakferayeagh, ethoni teyagwaddadd'yadaghtountha, neoni togefkeetfera yaghtewad ong'gyoughhat'feragough: Ok siniyought ongwarighwanerakfera enewag'yoeni, t'horighwayerie, neoni yoderighwagwarighfheagh ne fongwarighwiyoughfteanifk ne karighwanerea, neoni fongwanoghharefisk ne kaghferouheandagwegough.

The Exhortation. Yondat-rejarofk.

AGWAGH Gwanorunghkwa dewadaddegeahogoen, ne kaghyadoghtferadogighti yongwarighhoenyenifk yotkate aonfayagwadaddoenrene neoni ayagwaradde efojee ongwarighwanerakfera neoni Kaghferoheaghtfera, neoni ne yaghtha yagwawenoreghreghtaghkwane ſegough a-onghſightough ſiethagoughſonde Raeſhatſteaghtſeragwegough Niyoh Songwaniha Karongyage t'heenderough, ok nenegea a-yag'yonderene enwadough Kanigoughraneaghtane, yoroughyageant neoni waderiyaghſawanaraghk'wa, nenegea siniyenwadooktea ne Aghſongwarighwiyoſtea ne agayeeah ayongwayeendane yaghtea ſayanereagtſerookte neoni Raonidareghtſeragough. Neoni ethokke tuitkont aonſayagwadadd'yeenderene ne A-oendough Kanigoenraneane Raoheandough ne niyoh, ok ne ſughha eghnayagwadd'yere ethoghke enyonggwadkeaniſſaoehagge, newahoeni ayagwadoenreagh neoni yoyannereaghtſerowane Songwawi Niyoh, wahoeni Aoenderighwaghteande Raonidareghſerowanea, neoni ayoerongge Raowaenadogighti, neoni ahoenwarighwanoendoughſe nenegea eghnikarighhodeanſe teyodoughwhenjoeni ne adonhetſt neoni ne Oyeroenge. Ne wagarighhoeni wagweaniteaghtea ſewagwegough ne geantho ſeweanderough ſewadkaniſſoegh taknonderadd'yeah, enwadough weriaghſiyo, neoni Kanigoenranean weana, aeddewaratheagh Karonghyage nongadi Niyohne, d'yongewannaghſereght.

A general Confeſſion. Agwegough yondonhaganoonniſk.

SEſhatſteaghtſeragwegough neoni ſanidareaghtſerowaneah Raniha; yagwayadaghtoughſkwe neoni okt'had'yorenyough ne ſiſaghhahage siniyought yoghtough teyuddinagarondough. Eſojee wagwaghnonderadd'yeght Kayadaghtont neoni kanoſhaſk ongweri. Yongweandakſatough ſaweanadogeagtihogough. Yagh etho teyongwadd'yereagh ne karighwiyo sinayongwayereaehhagge; neoni ethone yongwadd'yereagh ne karighwhakſeah ne yaghetho t'hayongwadd

yongwadd'yereangge ; neoni yaghtea yongwaghnirough naagh. Ok, O fayanner, Taggweanderhek, yagwayenfaghfe yongwarighwannerakfkough. O Niyo, s'heyadowweyeendouh nenege jundonhaganoenisk Raoderighwanerakfera. S'heyennidareghtferouh ne Yagaweriaghfanowhaktani ; siniyought fawanenda oenne ne ongwehogough yondatdeani Jefus Chriftus t'feragouh Eghtfidewayaner. Neoni tagg'yon O fayannereaghtferowane Raniha ne wahoeni Raorighhoeniyaet ; ne onwa tuitkought ayag'yonheghtferadogeaghtihagge, yoderighwagwarighfheagh, neoni ayodkanonihagge ; ne Onwefcagntakiera faghfeanadogeaghti. *Amen.*

The Abfolution. Nejeehnerughfhunifk.

SEfhatfteaghtferagwegough Niyo ne Raniha Songgwayaner Jefus Chriftus, ne yaghtea tefhagonofhafk ne Raoneoheiyaet Yagorighwanerakfkough, ok yoyennerea Aonfahatdatrewahte Raorighwhakfea neoni enyagonhegge, neoni fagaweani Radijeehaftajee EahowaderighhowanaghteRaongweda ne yerighwanerakferaghfweagfe, ne atnereaghfhat neoni Karighwiyoughftak Ra-odirighwanerakfera. Sefhagoderr'he neoni Raghnereaghfhoughfk yegwegough ne agwaft yerighwannerakferaghfweaghfe neohi togefke d'yagwightaghkough Raorighwiyughtferadogeaghti. Ne wahoeni wafhagweaniteaghtea ne afhong'yough agwaftKanhadeagtfera neoniRaonigoughriyoughftough, nenegea aharighwanonwene nene onwa sintyagwad'yerha, neoni yoddaddearough Siayad'yonhegge Oghnageange ageahagge yaghotheinough neoni agoyadadogeaghti, Ayaggwawwe Oghnageange ne Siniyeheinwe ayongwadonharagge Ra-o-righhoeniaet Jefus Chriftus Eghfidewayaner. *Amen.*

The

The Lord's Prayer. Raodereanayent ne Royaner.

SOnggwaniha ne Karongyage tighſideron; waſaghſeanadogeaghtine. Sayanert-ſera iewe, tagſerr Eigeniawan, siniyought Karongyagough, oni oghwhanſiage. Niyadewighniſerage taggwanadaranondaghſik nonwa: Neoni tondagwarighwiyoughſton, siniyught oni Jakwadaderighwiyoughſteani. Neoni toghſa daggwaghſarineght dewaddatdennageraghtongge, neſane ſadjadagwaghs ne Kondighſeroheanſe; ikea ſayanertſera ne naagh, neoni ne kaeſhatſte, neoni ne Onweſeaghtak ne siniyeheinwe neoni siniyehinwe. Amen.

Ejihiſtije. O Kayanner ditskaraw agwaghſkweandakſke;

D'yondadiſk. Neoni agwaghſene ſaneandoghſere atroriaet.

Ejihiſt. O Niyoh deſaſterighheah taggwayadagwaghſke,

D'yond. O Kayanner, deſaſterighheagh wahoni Aſkwaghſnieanough.

Gloria Patri.

Ejihi. Onweſeaghtakſera naragh ne Raniha, neoni ne Ronwaye neoni ne Ronigoughriyoughſtough.

D'yond. Siniyoughtone ne addaghſaweaht' ſeragought egniyought onwa, neoni tuitkought Engeahhagge ſiniyeheinwe neoni ſiniyeheinwe. Amen.

Ejihi. Eghtſiſewaneandough ne Kayanner.

D'yond. Wagoewaneandough Ra-oghſeana ne Kayanner.

Venite

Venite, exultemus Domino. Pſal. 95.

Gaſſaweght taſitewarighwahkwaſe ne Royaner.

O Goro gaſſaweght taſitewarighwohkwaſe ne Royaner, dewadſenoniyaet ongweriaghſagough Songwaſhaſtaks.

Yadidſidewadderaghte ſiedhagoghſonde ne Aedewanaendon; Eghtſidewadſenoonyaſiſk teyerighwaghkwatha.

Ikea ne Kayaner Raniyohſerowaneh : Neoni Raghſennowaneh Sagogennyyough agwegough Rowaniyohhogough.

Raghſnoghſagough raghhawe yaghwhenjaghnoduſk naah, neoni enegeghſi ne Yonnondeanniyon raowea.

Neoni Raodeniaddare, ikea Ronihhaghkwe : Neoni raſſnonge Yoghſtathadon.

Geniyogh eghtſidewanideghtea, neoni taetewadſagette detſidewadontſothas Kayaner, nenenne Songgwayadiſſon.

Ikea ne Royaner naah Ongwaniyoh, neoni iſinegooah ne Ongwehogough ſagonoghne neoni ne Teyoddinagarondough raſnonge.

Enſewawenaronge Raowanea onwa, neoni togſa ſaddanderiaghſagnirat ſiniawaenungh dewaddaddenageraghtongge, neoni eghniſerage Karaghyadaghgweagh ne Karhagough.

Siyongeraghyadaghkwa egnſiſewanihahogough waongwadeniyendeſte, neoni wahontkaghto.

Kayeriniyughſeraghſegh degadderiaghtikhungkwe nenegea Oghnegwaghſa, neoni Kaddoughhakwe; nene naah ronongwehogough yaghte

yaghte ronnadiaddaghtonhadiefe aweriahſagongh, neoni yaghte haddiyenderi akhadaogoon.

Ne wahoenni agwaſt yughniron kadoghhaghkwe, paghthahondowweyade akwadoriſhughſeragough.

Gloria Patri.

Onweſeaghtakſera na-agh ne Raniha, neoni ne Ronwaye neoni ne Ronigoughriyoughſtough.

Siniyoughtoue ne addaghſawweaht'ſeragought Egniyought onwa, neoni tuitkought Engeahagge siniyeheinwe neoni siniyeheinwe. Amen.

Te Deum Laudamus.

ONIYOH, wakwanaendon; kwayenderiſtha Sayaner.

Oghwhenjagwegough yeſennideghtaſiſk : Ne Raniha siniyeheinwe.

Karonghgiagehrononſeragwegough, neoni Kaeſhatſteghtiſerhogough Karonghyagehogough yederon.

Ne Cherubin neoni Seraphin tuitkont yeſaronkyeha.

Royadadogeaghti, Royadadogeaghti, Royadadogeaghti, naah ne Royaner Niyoh Kend'yoghkwanehogough.

Ne Karonghyage neoni Oghwhenja kanatſeron naah Sanendoghſera ne Sagonniſtakſera.

Yaſanaendoſk ne Kand'yoghkwio ne Ronwaderighhon'yeniſk.

Kanigoghriaghſerio ne Prophethogough yaſanaenduſk.

Netkend'yoghkowanaghtſerio Kanoghrawanea ne Yagodadderunk yageantan.

Yeſayenderiſtha ne onoghſadogeaghtige ne wahooni Oghwhensjagwegough.

Ne Raniha-yaghte yeyodokte Kaneandoghſera.

Agwaſt Raonghha eghjeenah honwakoniyoughſtagge.

Etho niyoght Ronigoghriyoghſtough ne Sheyeyeſk.

O Chriſtus, Sayanerkoah ne Kannedogt-ſera.

Siniyeheinwe ne Yeyenah ne Raniha.

Yaghte Sarigwagſweugh yaghte kanaghkwayenderi ongwe waghſadon wahooni ne Neneaſheghnereaghſhongwegough.

Eneſheyoni ne diagawightaghkough ne kayenertſera ne karonghyage ethoghke keghheyaed 'kſeranonwakte Seſhan'yon.

Siraweyendightaghkough Niyo tighſiderough Raonweſeta*k*ſeragough ne Raniha.

Tiyonwightaghkough ne tedeghſe ne Teſkwaghkheghſi.

Ne wahooni wakwanidegthteah ſheyennawaes ſanhaſehogough nenehote ſanegweaghſanoron ſaghninoondon.

Yetes'heyeſtahgkſerat ne odoyoghkwadogeaghti ne sineyeheinwe Kayanertſeragough.

O Kayaner, ſheyadowwiyendon Songgwedahogough, neoni ſheyaddyriit Saraggwanni.

Neoni ſhekwadago, neoni ſegowannagt ne siniy'eheinwe.

Yadewighniſerage ne yadewighniſerage, wio yakwaddadiyaſiſk.

Neoni

Neoni yakwarideghtaſeſk Saghſeana ſiniyeheinwe yaghtehaiondokte.

O Kayaner, taggwanigoghraghnirat ne kaenwaende yaghta yagwarighwannerakhe.

Taggwanderhek, O Kayaner, Taggwanderhek.

Sanidareghtſera, O Kayaner, teyonggwaghſwadhedong, ſiniyught iſeſeragough wagadewenodaghkough.

O Kayaner, iſedſerage wagadewenodaghkough, toghſa gadeghhe ſiniyeheinwe.

Benedicite omnia opera Domini.

O Iſe Kayodeghſeragwegough ne Royaner, eghtſadoonreah ne Rayaner, eghtſenaendon, neoni eghtſkowannaght ſiniyeheinwe.

O iſe Warongiagighrone ne Royaner, eghtſadoonreah ne Royaner, aghtſenaendon neoni eghtſkowannagt ſiniyeheinwe.

O iſe Sewarongiagehogough, eghſadoonreah ne Royaner; eghtſenaendon, neoni eghtſkowannaght ſiniyeheinwe.

O iſe Oghnegahogough ne enigeh nagaronghiade gayea, eghtſadoonreah ne Royaner, eghtſenaendon neoni eghtſkowannaght ſiniyeheinwe.

O iſe Sewaeſhatſteghſeragwegough ne Royaner, eghtſadoonreah ne Royaner, eghtſenaendon, neoni eghtſkowannaght ſiniyeheinwe.

O iſe Karaghkwa neoni Eghnida, eghtſadoonreah ne Royaner, eghtſenaendon neoni eghtſkowannaght ſiniyeheinwe.

O ife Ojiftokhogough Karonghyage, eghtfadoonreah ne Royaner, eghtfenaendon neoni eghtfkowannaght finiyeheinwe.

O ife Yoghftarondiefe neoni Yoaweye, eghtfadoonreah ne Royaner, eghtfenaendon neoni eghtskowannaght finiyeheinwe.

O ife Owrong ne Niyoh, eghtfadoonreah ne Royaner, eghtfenaendon neoni eghtskowannaght finiyeheinwe.

O ife Odjiere neoni Odarighhengfera, eghtfadoonreah ne Rayaner, eghtfenaendon neoni eghtfkowannaght finiyeheinwe.

O ife Othoraghtfera neoni Agenha, eghtfadoonreah ne Royaner, eghtfenaendon neoni eghtfkowannaght finiyeheinwe.

O ife Yoawweyehogough neoni Oghfageaghfera yowifto, eghtfadoonreah ne Royaner, eghtfenaendon neoni eghtfkowannagh finiyeheinwe.

O ife Yaonghharayegh neoni Odhoraghfera, eghtfadoonreah ne Royaner, eghtfenaendon neoni eghtfafkowonnoght finiyeheinwe.

O ife Owiefse neoni Oniyeghte, eghtfadoonreah ne Royner, eghtfenaendon neoni eghtfkowannaght finiyeheinwe.

O ife Aghfonthaogoon neoni Eghniferahogoon, eghtfadoonreah ne Royaner, eghtfenaendon neoni eghtfkowannaght finiyeheinwe.

O ife Teyoghfwatheet neoni D'yogarafk, eghtfadoonreah ne Royaner, eghtfenaendon neoni eghtfkowannaght finiyeheinwe.

O

O ife Tewannirekarahoonſk neoni Odſadaogoon, eghtſadoonreah ne Royaner, eghtſenaendon neoni eghtſkowannaght ſiniyeheinwe.

O ne Oghwhensja eghtſadoonreah ne Royaner, eghtſenaendon neoni eghtſkowannaght ſiniyeheinwe.

O ife Yonondenniyon neoni Youghn'yaghronniyon eghtſadoonreah ne Royaner, eghtſenaendon neoni eghtſkowannaght ſiniyeheinwe.

O ife Sewahondakwegough Oghwhensjiage wadighyaronſk, eghtſadoonreah ne Royaner, eghtſenaendon neoni eghtskowannaght ſiniyeheinwe.

O ife Sewaghnawerodon, eghtſadoonreah ne Royaner, eghtſenaendon neoni eghtskowannaght ſiniyeheinwe.

O ife Seniadare neoni Kaihohhadenniyon, eghtſadoonreah ne Royaner, eghtſenaendon neoni eghtſkowanneght ſiniyeheinwe.

O ife Kinſiawaneghſe, neoni Agwegough wadooniyanerosk Kanonwaggon, egtſadoonreah ne Royaner, eghtſanaendon neoni eghtskowannaght ſiniyeheinwe.

O ife Kondijideahſeragwegough ne Karongiagoon, eghtſadoonreah ne Royaner, eghtſenaendon neoni eghtskowannaght ſiniyeheinwe.

O ife Kondiriodagwegough neoni Kadſeneah, eghtſadoonreah ne Royaner, eghtſenaendon neoni eghtskowannagh ſiniyeheinwe.

O ife Sewaſogoenah ne Ongwehohough, eghtſadoonreah ne Royaner, eghtſanaendon neoni eghtskowannaght ſiniyeheinwe. O

O Ifrael eghtfadoonreah ne Royaner, eghtfenaendon, neoni eghtskowannaght finiyeheinwe.

O ife Yetferighhon'yeni ne Royaner, eghtfadoonreah ne Royaner, eghtfenaendon, neoni eghtskowannaght, finiyeheinwe.

O ife Yetfinhafehagoon ne Royaner, eghtfadoonreah ne Royaner eghtfenaendon neoni eghtskowannaght finiyeheinwe.

O ife Sewanigoughrio neoni Adonthetfthogough ne yagoderighwagwarifheah, eghtfadoonreah ne Royaner, eghtfenaendon neoni eghtskowannagh finiyeheinwe.

O ife Sewayadadogeaghti neoni Yagonigoonranea ne agaweriane, eghtfadoonreah ne Royaner, eghtfenaendon neoni eghtskowannaght finiyeheinwe.

O Ananias, Azarias, neoni Mifael, eghtfadoonreah ne Rayoner, eghtfenaendon neoni eghtskowannaght finiyeheinwe.

Gloria Patri.

Onwefeaghtakfera naagh ne Raniha, neoni ne Ronwaye, neoni ne Ronigoughriyoughftough.

Siniyoughtone ne addaghfawweaht'feragought Egniyought onwa, neoni tuitkought Engeahagge finiyeheinwe neoni finiyeheinwe. *Amen.*

Benedictus, St. Luke 1. 68.

WAdoonreah ne Royaner Raoniyoh Ifrael, ikea faggwagh neoni Sagoghnereahfhon raongweda.

Neoni yoefhatfte fongwadfenonniafe ferakitkogh raonoghfagough David raonhafe.   Sini-

Siniyoght rodaddighne radighſeneh Raoprophetíeradogeaghti ne ſid'yodoghwhenjadaghſawe raddideroondaghkwe.

Ne wahooni asſhonkwaghnereghſhugh ne Yonkhighſweanghſe, neoni radiſnoonge ne agwegough ne yonkhighſweaghſe.

Ne wahooni yahennidareghtſerayerite ne aonegh ſaghgodaddiaſe, neoni reyaghhre Raorighwiſſaaghſeradogeaghti.

Ne wahooni yakayerine agwaghyoughniron roddaddiaſiſk Abraham ſonggwaniha, wahooni aſſungiyon.

Nene yonkwadnereahſiyon raddighſnonge yonkhighſweanſe, wahooni yagthayedſaghnighſigge ahonwayodoghſe.

Oyadadogeaghtighſeragough neoni yodderighwakwarighſiyon raohaendon eghniſaragwegough ſineyag'vonhegge.

Neoni Sikſaah tayeſanadougſera Prophet ne agwegontighhahgwane ; ikea ſithagoughſonde ohaendon ne Royaner wahooni ne aeghtſerooni raohahhahogon.

Wahooni raongweda ahonweadieyend'yerhaſtea ne atnereaghſiyat ne wagarigh hooni addadderighwiyoghſtakſeragough raoderighwannerakſera.

Aggarighhooni ne kendearough waderighyendaghſa Raonidareghtſera ne Ongwaniyoh nenahote ſongwannadagh rennawighhaghkwe enegehjid'yoyeghtaghkoogh.

Wahooni taeſhahagoghſwathete ne neaghſadagon yederon, neoni yoddaghtſadaree ne Kaghheiyon, neoni wahooni dewaghſige ayekwadago ahaghhage Kayanereah.

Gloria Patri.

Onweſeaghtakſera naah ne Raniha, neoni ne Ronwaye neoni ne Ronigoughriyoughſtough.

Siniyoughtone ne addaghſawweaht'ſeragought Egniyought onwa, nenni tuitkought Engeahagge ſiniyeheinwe. *Amen.* *Jubilite*

Jubilate Deo. *Pſal.* 100.

O Iſe oghwhensjagwegough ſewadonharon eghtjodenghs ne Royaner, ne adſenoonniaedt-'ſeragough ſidhagoughſonde Tikarighwaghkwatha.

Agwagh ſirhik nene Royaner Niyoh naah, ſonggwayadiſſonh neoni yaghta onyoghha, ongeuhha raongweda naah, neoni teyoddinagarondooah naohendage.

O ſewadowwiaet ranonhohhagough ſewaddoonreah, neoni raonoghſagough ne yonnaendont, eghtſadoonreah, neoni wio ſadaddias raoghſeana.

Ikea ne Royanertſerio, Ronidareſkough naah Liniyeheinwe, neoni raodogeſkeeſera engeahagge ne oghnegwaghſa ſiheankaghnekwaghſadadd'ye.

Gloria Patri.

Onweſeaghtakſera naagh ne Raniha, neoni ne Ronwaye neoni ne Ronigoughriyoughſtough.

Siniyoughtone ne addaghſawweaght'ſeragought Egniyought onwa, neoni tuitkought Engeahagge ſiniyeheinwe neoni ſiniyeheinwe.

The Creed. Teggeniſkarighware.

TEwagightaghkough Niyohſeragough ne Raniha ne Agwegough tihaeſhatſte, raoniſſough ne Karonia, neoni oghwhensja ; neoni Jeſus Chriſtusſeragough raonhaagh Rahawak ſonggwayaner, ne tihoyeghtaghkough ne Ronigoghriyoughſtoughne rodooni yaghte Kanaghkwayenderi Maria, ne Roronghyageagh ſinihaweniyoughne Pontius Pilatus tehoenwayaendaenhare raonghheyyough, neoni ronwayadat, nagough rawenoughtough ne Oneſſeagh ; ne aſſeagh niwighniſeragighhadont niſatketſkweagh neſinihaweheyyoughne ; ne teſhodeagh Karonghyage rawenoughtough yeſheinderough ſiraweyendightaghkough raſnonge ne Niyoh ne agwegough tihaeſhatſte Raniha, etho tenthayeghtaghkwe ne onnea tentheaghroughſa

heaghroughſa neyagonhenyough, neoni ne yagawe-
heyyoughſerough.
 Tewagightaghkough ne Ronigoghriyoughſtough-
ſeragough ; ne Sikeand'yoghgwiyoughſtough ne On-
oghſadogeaghtige, ne Yeyadare Orighwadogeaghti,
Enjondatderighwiyoghſteagh Karighwannerre ; ne
Enjontketſkough he Yeyerongge, neoni Siniyeheinwe
Niyag'yonhenyongge. *Amen.*
 Prieſt. Ejibeſtije. Ne Royaner waetſeriwawaſe.
 Anſ. *D'yondaſk. Neoni waghyariwawaſe Sewani-
goonra.*
  Let us Pray. *Dewaddereanaiye.*
Kayaner Taggwanderheck.
Chriſtus Taggwanderheck.
Kayaner Taggwanderheck.

The Lord's Prayer, Raodereanayent ne Royaner.

SOnggwaniha ne Karongyage tighfideron; wa-
ſaghſeanadogeaghtine. Sayanertſera iewe,
tagſerr Eighniawan, ſiniyought Karongyagough,
oni oghwhanſiage. Niyadewighniſerage taggwa-
nadaranondaghſik nonwa: Neoni tondagwarigh-
wiyoughſton, ſiniyught oni Jakwadaderighwi-
youghſteani. Neoni toghſa daggwaghſarineght
dewaddatdennageraghtongge, neſane ſadjadag-
waghs ne Kondighſeroheanſe ; ikea ſayanertſera
ne naagh, neoni ne kaeſhatſte, neoni ne Onwe-
ſeaghtak ne ſiniyeheinwe neoni ſiniyehinwe.
Amen.
 Pr. Ejibeſt. O Kayaner, tagyough Sanidareghſera.
 Anſ. D'yond. *Neoni tagyough Sanheghſera.*
 Ejibeſt. O Kayaner, Eghtſaddowweyendough Ko-
raghkoah.
                                   D'yond.

D'yond. *Neoni Tondagwathoendatſk ſanidaregh ſeragough, ne ethoghke engwaroughbyeghhare.*

Ejiheſt. Sheraghs yeſajeheſtaje ne Adderighwagwarighſera.

D'yond. *Neoni ſeyatſenoonniyat karaggwagh ſongweda.*

Ejiheſt. O Kayaner, ſaddeweyeendough ſongweda.

D'yond. *Neoni s'hoyadaddyriſt Saraggweagh.*

Ejiheſt. O Kayaner, tgg'yough kayenereaongwighniſerahogough.

D'yond. *Ikea yaghonkha kaniga teyonkbiyaderiyoghſeſk ok ſonhaagh, O Songwaniyoh.*

Ejieleſt. O Niyoh, weriaghſiyo tagg'yoniſſaagh ong'youghhatſeragough.

D'yond. *Neoni toghſa taggwaghkwagh ſanigoughriyoughſtough.*

The ſecond Collect for Peace.

Addereananyent wohooni Kayenereah.

O Niyoh, ſerighhooni Kayenereah, neoni ſenoonweſe Sadegarighhodeanſe, yonkkwaderiyendare ileſeragough yegaaye ſiniyeheinwe Enyagonhegge, ne onkka aoyodeghſera thitkahhereſerio ſkeanaenſeragough; ſenoonnaak eghtaage ne yeyagonigoghrehha s'enhaſehogough Yonkhiaddyadondieſe yonkhighſweaghſe, Agwagh agwaddewanodaghkwe ſaghninoont ſeragough ne yaghonkha t'hayakwadſanigge raodesſhatſtonk. Sagodighſwangſe, Raeſhattegh tſeragough Jeſus Chriſtus Songwayaner. *Amen.*

The third Collect for Grace.

Addereanaiyent wahooni Kandearah.

O Kayaner Songgwaniha ne Karonghyage, Agwegough thiyoſthatſte Niyoh, ne ſkeaneant thiſkwayaethe nenegeahondighniſera daghſawe Taggwadeweyendon

weyendon ſeſhatſteghtſerawane Nenegea wighniſerade, neoni tagg'yon Yaghthayag wandaghgerane Karighwannerakſeragough, ſegough ayagkwawe thewadoghhareghrongge, okne onkwayodeghſeragwegough iſedſeragough agoonwagwaddago, wahooni ſaderighwakarighſhungſerra tuitknot eghnayond'yere Jeſus Chriſtus t'ſeragough Songwayaner, *Amen*.

A Prayer for the King's Majeſty.
Rowaderean'yenisk Koraghkoah.

O Kayaner Songgwaniha, ne Karonghyage yeeheinderough, Enigeaghyjee, neoni Raeſhatſte Sheghſeanagonyough ne agwegough yeghſenowaneaghſe, Seyanertſeragonyough agwegough Rodiyaner, ne ſonhaagh ſkwadaggwask yondaddennageraghtouh, iſe ſadkaghtho. Oghwhenjagwegough yenaggere; Ongweriyaghſagough wagwaniteaghtea Sadkaghtho neoni Saddowweyendough Karaghkoah *GEORGE*, neoni eghjeder ne roadearaet Sanigoughriyoughſtough, nene tuitknot ahathoendadde ſinaahſyere, neoni areghſagge ſaghhahagough, eghſough t'hiyawedowwane addaddawighſeriyo Karonghyage dewightha, eghſough s'keanenttharonhegge neoni adaskatſera, eghſough Kaeshatſteaghtſera ne Aſſadgoſeani agwegough Sinihoenwaghſweaghſe, neoni ne onwa ſironhe Oghnageange aondahoyough ſiniyeheinwe Ahutſenonihagge neoni Adaskatſera, ne rorighhooni Jeſus Chriſtus Songwayaner, *Amen*.

A Prayer for the Royal-Family.
Ne Addereanaiyent Sinibaghnegwaghſa Koraghkoa.

RAeſhatſteaghſeragwegough Niyoh ne yoghnawwightha yoyennerreaghſera Wagwaniteaghtea eghjadat dyriſt Charlotte ne Koraghkoah Agoen-

Agoenheght; neoni ne Rakſeanawanea *George* Koragh Wales, neoni agwegough ne ſiyonoghſade Sinigaghnigwaghſa, ne ſheyough Sanigoughriyoghſtough Seiadſogoghſerough ne haoondough ſanidareghſera, ſejaeadyriſt ahonaskatſtoughhagge, neoni yeſeyaethew ſay anertſeragough, ne rorighhooni Jeſus Chriſtus, *Amen.*

A Prayer for the Clergy and People.

Addereanaiyent ne Sagdirihonyeni neoni Ongwebogough.

RAetſhatſteaghſeragwegough neoni Siniyeheinwe Niyoh, Son-haagh Sayodeagh ſeranighraggwaght, Kaſheyadenyeghtaes Sangoghriyoughſtough Rodirighwawaekhoegh, neoni Radijehſtajee, neoni Agwegough yagotkeaniſſough ronwadiyeni, neoni agwaſt togeske ronoughha ayeſanoonwene ſayatſaenhough tuitknot ne yaawweyaetſeriyo, ſayaddaddyrighſera. Taggyough, O Kayaner, Raogonnyauſtak Songwadaddyaſisk neoni Skeanont tenſſongyough Jeſus Chriſtus. *Amen.*

The Prayer of St. *Chryſoſtom.*

Addereanaiyent ne Orighwadogeaghti Kryſſoſtom.

TIwagwegough Raeſhatſte Siniyeheinwe Niyoh, Nenetaggwandaerough nene onwa ſereagh oghſerooni yont keaniſſa, ongwadereanaiyent yeſeke enyagwadadi ne yeſeagh Kaniga teggeni netens aſſeagh enyagotkonniſſough Saghſeanagough aſſeyat-hoondatſe ayoyanneregge; Wagwanegeagh ne ſiniyerrhe inyenidughte ſinhaſehogougough, ne wahooni Saderiyendare aſheyadaghniradde Karonghyage ayeghte, aghterre kerit, neoni taggyough ne onwa Siyagyonhe ayagwayenderihagge Sadogeskeetſera, neoni taggyough ne onwa Siyagyonhe ayagwayenderihagge Sadogeskeetſera, neoni

neoni ſinoondawe ne ſiniyeheinwe ayagy onhegge' *Amen.*

2 Cor. 13. 14.

NE Raodearat Songgwayaner Jeſus Chriſtus, neoni Ranorunkkwa Niyoh, neoni Roadyoughkwa ne Ronigoghriyoughſtough agwegough ddoweſegge ſiniyeheinwe, *Amen.*

The Order of Evening Prayer
Daily throughout the Year.

Ne Yagawagh NiyadewighniferageYonderaennayendaghkwa yogarafkha Yoghferagwegough.

Sentences of the Holy Scriptures.

Yondaddiyadaghkwa Kaghyadoghferadogeaghti.

ATKE ne yagorighwannerakfkough ne enjondonhaganooni raorighwannerakferagwegough ne finihad'yerhaghkwe, neoni agwegough enhoyenawagoughhagge k'heyeni neoni attaggwarighfhughtfera, ethone enyonhegge roadonheft.

Kiyenderi aggwaderighwaddewaghtoghfera, neoni akhaendon tuitkont yegaayenaggerighwannerakfere.

Sadkoughfaghfegh fiyounggwa righwannerre, neoni fafaghtouh ongwarighwannerakfera agwegough.

Ne addadawi Niyoh naah deganigoghriagon tniddiyagough: Neoni fiyagaweriaghfanitfkha, O Niyoh, yaghthasfkehronyane.

Saddadderiaghfaraedjongo, neoni yaghta faneenna, neoni taonfafadkarhadyni kayanerne faniyoh: Ikea raendeanrafk, neoni ronidarefkough, ronigoenres, neoni karighwiyughtferowane, neoni ronhaddufk finiyodakfeh.

Kayarnerne ongwaniyoh tewannidareghtferayeahogough neoni addadderighwiyuftaeni, ne fane yaghte yongwathoendadoen; neoni kwawennond'yon ne Raoweana ne kayaner Ongwaniyoh, ne ayakwefegge ne faggaweannihogoughtferagough ne fonggwawi.

O

O kayaner, takrewagt, yaghſanagweaghſeragough ; ne wahoeni yaghthaſgwaghtonde.

Saddatrewaght, ikea ne karonghyage ne kayanertſera ok etho yeyo.

Enkadkitſko, neoni Ragenihha eangighte, neoni enhiyegſiſniere, Rageni, gerighwannerakteani karonghyage, neoni ſaghhaendon ; neoni yaghſehha I'hadeyaggeniſe eghtjeenah ayongenadon.

Togſa aghſaaowwiate kadjeeghhayeghtſeragough ne eghtſinhaſe, ikea yaghonka ne yagonhe yagoderighwagwarighſhughſera, O Kayaner ſieſkoughſonde.

Ageahagge ayagwearough yaghtea yung-warighwanerakſerayeagh, ethoni teyagwaddadd'yadaghtountha, neoni togeſkeetſera yaghtewad onggyoughhat'ſeragough : Ok ſiniyonght ongwarighwanerakſera enewag'yeoni, t'horighwayerie, neoni yoderighwagwarighſheagh ne ſongwarighwiyoughſteaniſk ne karighwanerea, neoni ſongwanoghhareſiſk ne kaghſerouheandagwegough.

The Exhortation. Yondatrejaroſk.

A GWAGH Gwanorunghkwa dewadaddegeahogoen, ne kaghyadoghtſeradogighti yongwarighhoenyeniſk yotkate, aonſayagwadaddoenrene neoni ayagwaradde eſojee ongwarighwanerakſera neoni Kaghſeroheaghtſera, neoni ne yaghtha yagwawenoreghtaghkwane ſegough aonghſightough ſiethagoughſonde Raeſhatſteaghtſeragwegough Niyoh Songwaniha Karongyage
t'heenderough,

t'heenderough, ok nenegea ayag'yonderene enwadough Kanigoughraneaghtane, yoroughyageant neoni waderiyaghſawanaraghk'wa, nenegea ſiniyenwadooktea ne Aghſongwarighwiyoſtea ne agayeeah ayongwayeendane yaghtea ſayanereagtſerookte neoni Raonidareghtſeragough. Neoni ethokke tuitknot aonſayagwadadd'yeenderene ne A oendough Kanigoenraneane Raoheandough ne niyoh, ok ne ſughha eghnayagwadd'yere ethoghke enyonggwadkeaniſſaoehagge, newahoeni ayagwadoenreagh neoni yoyannererghtſerowane Songwawi Niyoh, wahoeni Aoenderighwaghteande Raonidareghſerowanea, neoni ayoerongge Raoweanadogighti, neoni ahoenwarighwanoendoughſe nenegea eghnikarighhodeanſe teyodoughwhenjoeni ne adonhetſt neoni ne Oyeroenge. Ne wagarighhoeni wagweaniteaghtea ſewagwegough ne geantho ſeweanderongh ſewadkaniſſoegh taknonderadd'yeah, enwadough weriaghſiyo, neoni Kanigoenranean weana, aeddewaratheagh Karonghyage nongadi Niyohne, d'yongewannaghſereght.

A general Confeſſion. Agwegoug yondonhaganooniſk.

SEſhatſteaghtſeragwegough neoni ſanadareaghtſerowaneah Raniha; yagwayadaghtoughſkwe neoni okt'had'yorenyough ne ſiſaghhahage ſiniyought yoghtough teyuddinagarondough. Eſojee wagwaghnonderadd'yeght Kayadaghtont neoni kanoſhaſk ongweri. Yongweandakſatough ſaweanadogeagtihogough.

nadogeagtihogough. Yagh etho teyongwadd'yereagh ne karighwiyo ſinayongwayerreaehhagge; neoni ethone yongwadd'yereagh ne karighwhakſeah ne yaghetho t'hayongwadd'yereangge; neoni yagetea yongwaghnirough naagh. Ok, O ſayanner, Taggweanderhek, yagwayenſaghſe yongwarighwannerakſkough. O Niyo, s'heyadoweyeendough nenega jundonhaganoeniſk Raoderighwanerakſera. S'heyennidareghtſerouh ne Yagaweriaghſanowhaktani; ſiniyought ſawanenda oenne ne ongwehogough yondatdeani Jeſus Chriſtus t'ſeragough Eghtſidewayaner. Neoni tagg'yoh O ſayannereaghtſerowane Raniha ne wahoeni Raorighhoeniyeat; ne onwa tuitkought a-yag'yonheghtſeradogeagtihagge, yoderighwagwarighſheagh, neoni ayodkanonihagge; ne Onweſeaghtakſera ſaghſeanadogeaghti. *Amen.*

The Abſolution. Nejeehnerughſhuniſk.

SEſhatſteaghtſeragwegough Niyo ne Raniha Songgwayaner Jeſus Chriſtus, ne yaghtea teſhagono-ſhaſk ne Raoneaheiyaet Yagorighwanerakſkough, ok yoyennerea Aonſahatdatrewahte Raorighwhakſea neoni enyagonhegge, neoni ſagaweani Radijeeheſtajee EahowaderighhowanaghteRaongwedane yerighwanerakſeraghſweagſe, ne atnereaghſhat neoni Karighwiyoughſtak Raodirighwanerakſera. Seſhagoderr'he neoni Raghnereaghſhoughſk yegwegough ne agwaſt yerighwannerakſeraghſweaghſe neoni togeſke d'yagwightaghkough Raorighwiyughtſeradogeaghti.

Ne

Ne wahoeni wafhagweaniteaghtea ne afhon-
'gyough agwaftKanhadeagtfera neoniRaonigough-
riyoughftough, nenegea aharighwanonwene nene
onwa finiyagwad'yerha, neoni yoddaddearough
Siayag'yonhegge Oghnageange ageahagge yagh-
otheinough neoni agoyadadogeaghti, Ayaggwa-
we Oghnageange ne Siniyeheinwe ayongwadon-
haragge Raorighhoëniaet Jefus Chriftus Eghfide-
wayaner. *Amen*.

The Lord's Prayer, Raodereanayent ne Royaner.

SOnggwaniha ne Karonyage tighfideron; wa-
faghfcanadogeaghtine. Sayanertfera iewe,
tagferr Eighniawan, finiyought Karongiagough,
oni oghwhanfiage. Niyadewighniferage taggwa-
nadaranondaghfik nonwa: Neoni tondagwarigh-
wiyoughfton, finiyught oni Jakwadaderighwi-
youghfteani. Neoni toghfa daggwaghfarineght
dewaddatdennageraghtongge, nefane fadjadag-
waghs ne Kondighferoheanfe; ikea fayanertfera
ne naagh, neoni ne kaefhatfte, neoni ne Onwe-
feaghtak ne finiyeheinwe neoni finiyeheinwe.
Amen.

Ejihhiftije. O Kayanner ditfkaraw agwaghfk-
weandakfke;

D'yondadifk. *Neoni agwaghfene faneandoghfere
atroriaet*.

Ejihift. O Niyoh defafterighheah taggwaya-
dagwaghfke.

D'yond. *O Kayanner, ddfafterighheagh wakoni
Afkwaghfnieannough*.   Gloria

Gloria Patri.

Ejiki. Onweſeaghtakſera na-agh ne Raniha, neoni ne Ronwaye neoni ne Ronigoughriyoughſtough.

D'yond. *Siniyoughtone ne addaghſaweaht'ſeragought egniyought onwa, neoni tuitought Engeahhagge finiyeheinwe.* Amen.

Ejihi. Eghtſiſewaneandough ne Kayanner.

D'yond. *Wagoewaneandough Ra-oghſeana ne Kayanner.*

Magnificat, St. Luke 1. 46.

AGwadonhetſt eghtskowanaghſerooni ne Royaner, neoni aggenigoonra yodonhaghhere Niyoghſeragough akwatnereahſhough.

Ne wahooni ſegoadkaghto, ſiyodeghtheugh ſagonhaſe.

Ikea ſadkaghtho ne onwa yongenadoghſere ne Kaghnegwaghſagwegough yoyadaderiugh.

Ikea ne Raeſhatſteghtſera naah ne Rakwaddieraſeghhaghkwe, neoni Raghſeanadogeaghtough.

Neoni raonidareghſera naah onegwaghſa ne oghnekwaghſaogoon ſeraktane ronoghhage nenegea Ronwatſanighſe.

Kayodoghſeraeſhatſte ſinihod'yereah Raeſhatteghtſeragough, tehorennyadon ne raddinayeſe Ronennoghtoniyongſeragough raonareweiſrjaghſaogoon.

Sagoyadughton radieſhatſteſe eghniedskwarakſerage neoni yagoddughtheyongh ne ſhagokowannaghtong.

Sagoghtaghteani yondoghkariakskwe ne adnagh kwonnia, neoni agodſogooah waſhagonhane ne agogoon.

Shaweghyaghranugh raonidareghtſera rayenawaſiſk Iſrael, ſiniyught Sagoddadd'yaſeghhaghkwe ne Songgwanihahogough ne Abraham, neoni raoughha ſinahonwaghſere ne ſiniyeheinwe.

D   *Gloria*

Gloria Patri.

Onweſeaghtakſera naagh ne Raniha, neoni ne Ronwaye neoni ne Ronigoughriyoughſtough.

Siniyoughtone ne addaghſaweabt'ſeragought Egniyought onwa, neoni tnitkought Eegeabagge ſiniyeheinwe neoni ſiniyeheinwe, Amen.

Cantante Domino. Pſal. 98.

O Teghtſerighwaghkwaes ne Kayaner ne Karannaſe, ikea yoneghraggwaghtenniyon ſinihoddyerea.

Siroweyendightaghkough raſnoonge, neoni Raonentſadogeaghti roſhunnieghtſerawi.

Ne Kayaner eneraoni Raoderighwakwarighſyongſera ne Sidchadikaghneronyon arekho yagorighwiyoughſten.

Rawighyaghra-ongh Raonidareghſera, neoni Raodoheſkeetſera raonoghſa Iſrael, neoni agwegough ſiyodoghonſooktaniyon agodkaghtho ne Raodea-ſhenniyat Ongwaniyoh.

Oghwensjagwegough eghtſiſewadſenoonniaes Kayaner, teſewariwaghk adonharakt neoni ſadoughraghſeronh.

Eghtſenaendon ne Kayaner ne ſaed Harp, neoni ne enwadon neowana teyerighwaghwaetha.

Ne enwadon teyond-horakwadon, neoni Kaghhoonrawatſerowane yoragare, O eneſewaddadoni adſenoonniaed ſeragough-ſonde ne Rayaner ne ragſennowane.

Ne Kan'yadarageahkooah teyongwareoſtha ne Kannanhon, ne oghwhensjagwegough, neoni yenagogeronn'yon.

Ne Kaihonghhadenniyon agondighwaegge Kondighnoonge, neoni yonnondenniyon ſadagondonharaeh ſidhagoughſonde ne Royaner, ikea daare wahooni ahadoogwarighſheah ne Oghwhensja. Rad-

Raddakwarighſhughſera ne Oghwhensja Adderighwakwarighs'yongſeragough, neoni neOngwehogough Attakwarighs'youghſeragwegough.

Gloria Patri.

Onweſeaghtakſera naah neRaniha, neoni neRonwaye neoni ne Ronigoughriyoughſtough.

Siniyoughtone ne addaghſaweaht'ſeragought Egniyought onwa, neoni tuitkought Engeahagge ſiniyeheinwe, *Amen.*

Nunc Dimittis. St Luke 2. 29.

ROyaner, onwa yahaghtaendieght-ſenhaſe, Kayanertſeragough ſiniſawanendaugh.

Ikea kaghtege ne yonnatkaghtho Seeſhenyeghtſera.

Ne ſaghſeroonni ſiddikoughſoonde agwegough ne ongwehogough.

T'kaghſwatheght nedahonwadightſwathedte arekho teyagorighwiyoughſton, neoni onweaſeghtakſera Songgweda Iſrael.

Gloria Patri.

Onweſeaghtakſera naagh ne Raniha, neoni ne Ronwaye, neoni ne Ronigoughriyoughſtough.

Siniyoughtone ne addaghſaweaht'ſeragought Egniyought onwa, neoni tuitkought Engeahagge ſiniyeheinwe neoni ſiniyeheinwe. *Amen.*

Deus Miſereator, Pſal. 67.

NIyoh taggwander neoni taggwayaddadyriſt, neoni ragoughſonde, tehaghſwadheedtha ong'youghaedſerakta, neoni taggwanderhek.

Ne ayeyenderihagge Sahahha Oghwhensjage ne eghnekwagh-ſagongſongſeragwegough Saaweghtſera.

O Niyoh, ongwehogough yeſannoghweghſerre, ne ongwehogough thiwagwegough yeſannoghweghſerre.

O nene Ongwedahogough tiyongwanonwene naah, neoni tiyongwadſenoni ne wahooni Niyoh attagwarighſhunk-ſeragwegough, neoni ayakawe raoriwa ongwehogough oghwhensjage.

Ongwehogough yeſanoghweſerre, O Niyoh, ne ongwehogough 'thiwagwegough yeſanoghweſerre.

Ne oghwhensja wayon ne yawig'yaronksk; neoni Niyoh etho Songgwaniyoh ne enſongwayadadyriſte.

Niyoh enſongwayadadyriſte, neoni agwegough, notdoghhonty joktanighhoah rowadſaghnighſerre.

Gloria Patri.

Onweſeaghtakſera naagh ne Raniha, neoni ne Ronwaye neoni ne Ronigoughriyoughſtough.

Siniyoughtone ne addaghſaweaght'ſeragought Egniyought onwa, neoni tuitkought Engeahagge ſiniyeheinwe neoni ſiniyeheinwe.

The Creed. Teggeniſkorighware.

TEwagightaghkough Niyohſeragough ne Raniha ne Agwegough tihaeſhatſte, raoniſſouh ne Karonia neoni oghwhensja; neoni Jeſus Chriſtus ſeragough raoughhaagh Rahawak ſonggwayaner ne tihoyeghtaghkough ne Ronigoghriyoughſtough ne rodooni yaghte Kanaghkwayenderi Maria, ne Roronghyageagh ſinihaweniyoughne, Pontius Pilatus tehonwayaendaenhare raongh-heyyough, neoni ronwayadat, nagough rawenoughtough ne Oneſſeagh; ne aſſea niwighniſeragighhadont niſatketſkweagh neſinihaweheyyoughne; ne teſhodeagh Karonghyage; rawenoughtough yeheinderough ſiraweyendightaghkough raſnoonge ne Niyoh ne agwegough tihaeſhatſte Raniha, etho tenthayeghtaghkwe, ne onnea tentheghroughla ne agonhenyough, neoni ne yagaweheyyoughſerough.

Tewagightaghkough ne Ronigoghriyoughſtough ſeragough

feragough; ne Sigeand'yoghgwiyoughſtough ne Onoghſadogeaghtige, ne Yayadare Orighwadogeaghti, Enjondatderighwiyoghſteagh Karighwannerre; ne Enjohketſkough ne Yeyerongge, neoni SeneyeheinweNiyag'yonhenyongge, *Amen.*

Prieſt Ejiheſtije Ne Royaner waetſeriwawaſe.
Anſ. D'yondaſk. Neoni waghyariwawaſe Sewanigoonra.

Let us Pray. *Dewaddereanaiye.*

Kayaner Taggwanderheck.
Chriſtus Taggwanderheck.
Kayaner Taggwanderheck.

The Lords Prayer. Raodereanayent ne Royaner.

SOnggwaniha ne Karongyage tighſideron, waſaghſeanadogeaghtine. Sayanertſa iewe, tagſerra Eighniawan, ſiniyought Karongyagough, oni oghwanſiage. Niyadewighniſerage taggwanadaranondaghſik nonwa: Neoni tondagwarighwiyoughſton, ſiniyught oni Jakwadaderighwiyoughſteani; Neoni toghſa daggwaghſariheght dewaddatdennageraghtongge neſane ſadjadaggwaghs ne Kondighſeroheanſe, ikea ſayanertſera ne naah, Neoni ne kaeſhatſte, Neoni ne Onweſeaghtak ne ſiniyeheinwe Neoni ſiniyeheinwe. *Amen.*

Pr. Ejiheſt. O Kayaner, tagyough Sanidareghſera.
Anſ. D'yond. Neoni tagyough Sanheghſera.
Ejiheſt. O Kayaner, Eghtſaddowweyeendough Koaghkoah. *D'yond.*

D'yond. Neoni Tondagwathoendatſk ſanidaregh-
ſeragough, ne ethoghke engwaroughyeghhare.

Ejiheſt. Sheraghs yeſajeheſtaje ne Adderigh-
wagwarighſera.

D'yond. Neoni ſeyatſenoenniyat karaggwagh
ſongweda.

Ejiheſt. O Kayaner, ſaddeweyeendough ſong-
weda.

D'yond. Neoni ſeyadaddyriſt Saraggweagh.

Ejiheſt. O Kayaner, tagg'yough kayenerea
ongwighniſerahogough.

D'yond. Ikea yaghonka kaniga teyonkhiyaderi-
yoghſeſk ok ſohhaagh, O Songwaniyoh.

Ejiheſt. O Niyoh, weriaghſiyo tagg'yoniſſaagh
ong'yough-hatſeragough.

D'yond. Neoni toghſa taggwaghkwagh Sani-
goughriyoughſtough.

The ſecond Collect. *Netiggenihadont Addere-
anaiyent.*

O Niyoh, onkarrege kayentaghkwa agwe-
gough kanoſhaghſeradogeaghti, agwegough
kadſyenhayegh ſerio, neoni Kayodeghſera kwa-
righſheah, ſheyon ſenhaſehogough Kayennerea
nenahotea yaghthayagon ne oghwhensja ne etho
ongweriaghſahogough ogonthondadde ſaweani-
hogough, neoni ayonkhinhe ne yakhidſanighſe
yonkhighſwaengſe, ok Kaenthayongwayeraen,
neoni ſkaenaen thayak'yonheghke ne t'ſerage te-
waddeentſon Jeſus Chriſtus ſongwaghnereghs'-
yonſk. Amen.

The third Collect. *Ne aghseaghhadont Adde-reanaiyent.*

O Kayaner, wakwaniteaghtea tidswadheet ongwagh sodogongsera, neoni taggwanhe sisanidareskoughtiseragough ne Waghterongeaghti seragwegough ne d'yondenekt nenegea wagsonde, wagarihhhooni raonoronkwa sonhaah Eghtjeeah rodoni Jesus Christus shongwaghneereghshyonsk.

A Prayer for the Kings Majesty.
Rowaderean'yenisk Koraghkoah.

O Kayaner Songgwaniha, ne Karonghyage yeheinderough, Enigeaghtjee, neoni Raeshatste Seghseanagonyough ne Agwegough yeghsenowaneaghse, Seyanertseragonyough Agwegough Rodiyaner, ne sonhaagh skwadaggwask yondaddennageraghtouh, ise sadkaghtho Oghwhenjagwegough yenaggere, Ongweriyaghsagough wagwaniteaghtea Sadkaghtho neoni Saddowweyendough Karaghkoah GEORGE, neoni eghjeder ne raodearaet Sanigoughriyoughstough nene tuitkon Ahathoendadde sinaahsyere, neoni aghreghsagge saghha-hagough, eghsough t'hiyawedowwane addaddawighseriyo Karonghyage dewightha, eghsough skeanenttharonhegge, neoni adaskatsera eghsough Kaeshatsteaghtsera ne Assagoseane agwegough Sinihoenwaghsweaghse, neoni ne onwa sironhe oghnageange aondahoyough siniyeheinwe Ahutsenonihagge neoni

oni Adaſkatſera, ne rorighhooni Jeſus Chriſtus Songgwayaner, *Amen.*

A Prayer for the Royal Family.

Ne Addereanaiyent Sinihaghnegwaghſa Koragh.

RAeſhatſteaghſeragwegough Niyoh ne yoghnawwerodde ſidewightha yoyennerreaghſera Kanigoonra ; Wagwaniteaghtea eghjadatdyriſt. Charlotte ne Koraghkoah Agoenheghti neoni ne Rakſeanawanea *George* Koragh Wales, neoni agwegough ne ſiyonoghſade Sinigaghnigwaghſa, ne ſheyough Sanigoughriyoghſtough Seſadſogoghſerough ne haoondough ſanidareghſera ſejadadyriſt ahonaſkatſtoughhagge, neoni yeſeyaethew ſayanertſeragough, ne rorighhooni Jeſus Chriſtus, *Amen.*

A Prayer for the Clergy and People.

Addereanaiyent ne Sagdirihonyeni neoni Ongwehogough.

RAeſhatſteaghſeragwegough neoni Siniyeheinwe Niyoh ; ſonhaagh Sayodeagh ſeranighraggwaght, Kaſheyadenyeghtaes. Sanigoghriyoughſtough Rodirighwawaekhoegh, neoni Radijehſteſtajee, neoni Agwegough yagotkeaniſſough ronwadiyeni, neoni agwaſt togeſke ronoughha ayeſanoonwene ſayatſanhoegh tuitkont ne yaawweyaetſeriyo ſayaddaddyrighſera. Taggyough, O Kayaner, Raogonnyoughſtak Songwadaddyaſiſk neoni Skeanont tenſlonggyough Jeſus Chriſus. *Amen.*

The

The Prayer of St. *Chryſoſtom*.
Addereanaiyent ne Orighwadogeaghti Kryſſoſtom.

TIwagwegough Raeſhatſte Siniyeheinwe Niyoh, Nene taggwandaerough nene onwa ſereagh oghſerooni yontkeaniſſa, ongwadereaniyent yeſeke enyagwadadi ne yeſeagh Kaniga teggeni netons aſſeagh enyagotkonniſſough Saghſeanagough aſſeyathoondatſe ayoyanneregge; Wagwaneagh, ne ſiniyerrhe inyenidughte ſinhaſehogougough, ne wahooni Saderiyendare aſheyadaghnirade Karonghyage ayeghte aghſerre kerit, neoni taggyough ne o nwa Siyagyonhe ayagwayenderihagge Sadogeskeetſera, neoni ſinoondawe ne ſiniyeheinwe ayagyonhegge, *Amen.*

2 Cor. 13. 14.

NE Raodearat Songgwayaner Jeſus Chriſtus, neoni ne Ranorunkkwa Niyoh, neoni Raodyoughkwa ne Ronigoghriyoughſiough agwegough addoweſegge ſiniyeheinwe, *Amon.*

The Litany.
Siukknoonwe Yondereanaiyendaghkwe.

O Niyoh ne Raniha karonghyage tighſideron : taggwanderhek yongwaandeght yonggwarighwanerakskough.

O Niyoh ne Raniha karonghyage tighſideron : taggwanderhek yongwaendeght yonggwarighwanerakskough.

O Niyoh ne Ronwaye, ſaggwahne oghwhenjagwegough : taggwanderhek yongwaendeght yonggwarighwanerakskough.

O Niyoh ne Ronwaye ſaggwahne oghwhenjagwegough taggwanderhek yonggwandeght yonggwarighwaneraskough.

O Niyoh ne Ronigoghriyoughſtough, deſayeghtaghkough Ranihniha neoni ne Ronwaye : taggwanderhek

derhek yongwandeght yonggwarighwanerakskough.

O *Niyoh ne Ronigoghriyoughstough, desayeghtaghkough Ranihniha neoni ne Ronwaye* : taggwanderhek yongwaendeght yonggwarighwauerakskough.

O Sewayadadogeahti, yoneundont ne Sewayanertsera, aghseaghnietjon, nenetsagat sayadatNiyoh, taggwanderhek Yongwaendeght yonggwarighwanerakskough.

O *Sewayadadogeaghti, yonondont ne Sewayanertsera, aghseaghnietjon, nenetsagat sayadat Niyoh, taggwanderhek yongwaendeght yonggwarighwanerakskough.*

O Kayaner, toghsa assenoughtonn'yon onggwarighwaneraksera netens yonkhiyadowwedough sonaderigh-wadewaghtough, segough toghsa daghserighwaghseragough ne Yongwarighwannere, seyadanoostat, O Kayaner, seyadanoostat songgweda, neniseghninough ne wahooni sanikweaghsanorough neoni toghsa taggwafwaghsek tuitkont.

Taggwayadanoghstat Sayanertserio.

Ne agwegough karighwanerraksera, yodakseagh, atkaroonnyaet ne onesseghronough aoriwa, sanakweaghsera, neoni ne siniyeheinwe ayonded-siraghte.

Sayanertserio taggwaghnereaghsheagh.

Ne agwegough tegaronwekhoonk ne agaweriyane, Kanayeghsera, Kaniyughtsera, deyerighwadenyese kanakweaogh teyondatswanghse yagoriwaksa, neoni agwegough deyotdikhaghse agonigoonra.

Sayanertserio taggwaghnereaghsheagh.

Ne neghkanaghkwa karighwanerre, neoni agwegough oyayorighwanerakserageheyon, neoni yagonushegh ne oghwhensja, neoni ne onesseghronough.

Sayanertserio taggwaghnereaghsheagh.

Ne teweniregarahons, neoni yoronghyaksaaton, neoni yagoyesaghta kanhrha, attoghkariagon, yondoriyosk, addatdaghsighton, neoni yaghta yottogaet waighheye. *Sayanertseric*

Sayanertſerio taggwaghnereaghſheagh.

Ne agwegongh wagorigwharane neoni ne yaghta yegarighwayeri, yondatderihoen'yeniſk, ne teyoghſira-ugh agaweriyane, neoni ne yeſawenaghſwanghſe neoni ſiniſayereagh.

Sayanertſerio taggwaghnereaghſheagh.

Ne Wagarihooni ſanighraggwaght Songgwedadogeaghti, ſadownikaghrynough, addatnegoghſerhoegh, attoghkariagon, neoni tewatdatdenageraghtongge.

Sayanertſerio taggwaghnereaghſheagh.

Ne wagarihooni ne ſaronghyage, neoni oghnigwaeghſa ſaderighheghſera, ne wahooni teyeſayendaenhare, neoni ne Karonghyageanſough, wahooni kanorons ſeghheyaet, neoni yeſayadat, wahooni onweſeghtſera ſatketskwegh, neoni Karonghyage ſenoughtogh, neoni ne wahooni ne itro ne Ronigoghriyoughſtough.

Sayanertſerio taggwaghnereaghſheagh.

Ne ethone Waonggwaraghyataghkwe neoni Waonggwayennereghſe, ne ſinenyagwanghhyye, neoni eghniſeragough ne addewandeghtſera.

Sayanertſerio taggwaghnereaghſheagh.

Wakwanitughten taggwathoondats yonggwarighwanerrakskough, O Kayaner Niyoh, neoni neneſerough ſanoghſadogeaghtige engeſſarine neoni askwadaago.

Wakwanitughten taggwathoondats Sayanertſerio.

Neneſerong kaddoweyeandough, neoni kadoogeaghnayoughtough ne eghſinhaſe *George* ne Ongg'wayanertſerio neoni Koragh nene togeske Wakwanitughton yaderighwagwarighjoughſera, neoni ronheghtſeradogeaghti.

Wakwanitughten taggwathoondats Sayanertſerio.

Neneſerong raonigoonra dewightaghkought'ſeragough, ſenorunkkwagh, neoni eghnayoughtough

yeſekhe

yesekhe askwadaagough, ne tuitkont raonghha agh-
yann'yehefeagh, neoni oktiwagwegough fagwanv-
eghtfera, neoni onwefaghtaghkaghreaghfage ne a-
haghtendiade.

Wakwanitughten taggwathoondats fyanertferio.

Neneferong raonghha hiyade-weyeandon neoni
aeghfenoonna neoni aeghfonk affagofeani agwegough
finihoewaefwanghfe.

Wakwanitnghten taggwathoondats fayanertferio.

Neneforong hiyadadyrift neoni hinonna Charlotte
ne Karaghkoah Agoonheghtie neoni ne Rakfeanawa-
nea *George* Koragh Wales neoni agwegough fiyagog-
nohfade.

Wakwanitughten taggwathoondats fayanertferio.

Neneferong nerederigh wawaekhogh fagodorihoon-
nyenisk, neoni Ronwadienhaafe ne Onoghfadogeagh-
tige nene togeske yeinderi, neoni ne yottaggwarigh-
fheagh kanigoonra faweana dayefwat-hete, wahooni
fagat ayagonhegge ayondatderihooni ne aoughtendi-
yade.

Wakwanitughten taggwathoondats fayanertferio.

Neneferong Koragh hogough Ronwawenawagough
neoni agwegough Radighfeanawanoghfe, ahunttuk-
hage ne Kanigoonra ifat.

Wakwanitughten taggwathoondats fayanertferio.

Neneferon Ronwennennageraghtough K'hevadad-
dyrift neoni fadearough neyahadihewe yoderigwag-
wadaggweagh, neoni ahonderinwadeweyeantough ne-
ne togeske.

Wagwanitughten taggwathoondats Sayanertferio.

Neneferong agwegough fongweda K'heyadaddy-
rift neoni Genooghftat.

Wagwanitughten taggwathoondats Sayanertferio.

Neneferong K'heyough agwegough ongwehogough
fagonigoonrat neoni Kayennerough.

Wagwanitughten

Wagwanitughten taggwathoondats Sayenertſerio.
Neneſerong ongwanigoonrra nenetogeske Ayenoonwene, neoni ſenidareghtſera aghſerra ganigg'yer ayagoyennawagough ſaweana.
Wakwanitughten taggwathoondats Sayanertſerio.
Neneſerong ſongweda k'heyough ne aondighyaron ne enidereghtſera, ne ſaweana Kanigoughrage ayonkrunkhagge, ſiyagaweri aſſeyough ayeyeenna, neoni Kanigoonra aganeaghhoondeagh tondagaghhawe.
Wakwanitughten taggwathoondats Sayanertſerio.
Neneſerong ne yagoyadaghtoongeh, neoni yondatdenigorhaateanisk, ſikheronkyeghha togeske yohade.
Wakwanitughten taggwathoondats Sayanertſerio.
Neneſerong ne yeyetde yedaek, ne yaghtea yagoeyadaghniron, keghtenera-unſt, ne yedaggeraaſe ſikhegetskogh neoni ne Oneſſeghronnough dayagwaskaaſseraghkwe.
Wakwanitughten taggwathoondats Sayanertſerio.
Neneſerong Kh'enoona k'heſnenough neoni enkheyeyeagh, agwegough ne deyagodoghharearough, neoni deyagadoghwhenjooni.
Wakwanitughten taggwathoondats Sayanertſerio.
Neneſerong agwegough ne oghnigage, netens oghwhenjage kanigagh ſiyeyenſe, neoni yenerough, neoni kanrha, neoni ikſao-gooagh, yondatdenhaaſi, neoni yondatdenaskwiyeagh ne aſſeriwawaaſse.
Wakwanitughten taggwathoondats Sayanertſerio.

Neneſerong

Neneſerong agwegough yaghtea yagoniſhaendagge neoni yagoteghre-nnghſe tevagawenyarusk neoni ok tiyondattoghraragon ne ſatsſtenyareagh.

Wakwanitughten taggwathoondats Sayanertſerio.

Neneſerong agwegough ongwehogough Kedar.

Wakwanitughten taggwathoondats Sayanertſerio.

Neneſerong yonkhighſweanghſſe, neoni yonkhighſereſe aſherighwiyoughſteagh neoni roneriyane aonſayondatrewaghte.

Wakwanitughten taggwathoondats Sayanertſerio.

Neneſerong ne Kayenthoghſſeron ne Oghwhenjage K'heyong neoni Waghſadowweyeandough, wahooni ne wadowgeagh yagooyeandaaſe.

Wakwanitughten taggwathoondats Sayanertſerio.

Neneſerong taggwawi nenetogeske adatrewaghtough, neoni skwarighwiyoughſteani ne karighwannerre agwegough yongwaniskough, neoni yaghtea yongwaderyendare neoni taggwawi innidareghſera ne Ronigoghriyoughſtough neoni Ayoyenneraghſton ſiyag'yonhe.

Wakwanitughten taggwathoondats Sayanertſerio.

Niyoh Ronwaye, wakwanitughten tagwathoondatsk.

Niyoh Ronwaye, wakwanitughten tagwathoandatsk

O Roye Niyoh, ne waſhawighte ne Karighwannerre ne oghwhenja.

Tagg'yough Sayannereaghſera.

O Roye Niyoh, nè waſhawighte ne Karighwannerre ne oghwhenja. *Taggwanderhek.*

O Chriſtus, oskwathoondatkſe.

O

O Christus, Oskwathoondatkse.
Kayaner Taggwanderhek.
Kayaner Taggwanderhek.
Christus Taggwanderhek.
Christus Taggwanderhek.
Kayaner Taggwanderhek.
Kayaner Toggwanderhek.

The Lords Prayer.
Ra-odercanayent ne Royaner.

SOnggwaniha ne Karongyage tighsideron, wasaghseanadogeaghtine. Sayanert-sera iewe, taghserra Eighniawan, siniyought Karongyagough, oni oghwansiage. Niyadewighniserage taggwanadaranondaghsik nonwa: Neoni tondagwarighwiyoughston, siniyught oni Jakwadaderighwiyoughsteani; Neoni toghsa daghgwasarineght dewaddatdennageraghtongge nesane sadjadagwaghs ne Kondighseroheanse, ikea sayanertsera ne naagh, Neoni ne kaeshatste, Neoni ne Onweseaghtak ne siniyeheinwe Neoni siniyeheinwe. *Amen.*

O Kayaner toghsa daghserighwaserago ne yonggwarighwannerre.

Segough t'jonggwadderighwadewaghton toghsa etho naaskwayere.

Let us Pray. *Dewaddereanaiye.*

O Niyoh, Ronidareskon Raniha, ne yaghte teswanghsse ne yagaweriyaghsanoonwask; neoni sederrhe ne yagonigoonrawiese yaghteá tiskeaghreanni

keaghreanni tondaggwariwawaas onkwadareanaiyent, ne dewatdoghhareahrongge wagwarighwayehaghſe, neoni ſerong ne ſagat niyoyenneregge eaghſhena, ne wahooni agwegough ne oneſſeaghronough netens ongwe ogoriwa ayonkhiyaadeagh-ſaghtont ne ſarighwiſſough ſenorunkwagh atſteenyarough ereagh awighte ne wahooni taggwanhaaſehogough wahooni yaghthayagonigoghroondi ſanoghſadogeaghtiſeragough agwadoonreagh wahooni Jeſus Chriſtus Songgwayaner. *Amen.*

Detſne, O Kayaner, taggwaſneough ſadjiyadaggwaghs wahooni ſaghſeana.

O Niyoh, ongwahoghta yonathoondighkwe, ne akhineghhagh yonkhighrorighhaghkwe yonnighraggwaght Kayodeghſera, ne ſayadighkwe Raodighniſeragough neoni wahooniſſe.

Detſne, O Koyaner, taggwaſnenough ſadjadaggwaghs wahooni Sagonn'yeghtſera.

Gloria Patri,
Onweſeaghtakſera naagh ne Raniha, neoni ne Ronwaye, neoni ne Ronigoughriyonghſtough.

Siniyoughtone ne addaghſawweaght'ſeragough Eniyought onwa, neoni tuitkought Engeahagge ſiniyeheinwe neoni ſiniyeheinwe. *Amen.*

Ne yunkhighſweanghſe taggwayadagwaghs, O Chriſtus.

Taggwanderhek ne yunkhigh Soghkwawighſonsk.
Skayeanyong ne yonggweriyaghſanoonwaksk.
Sedar ſonggweda ne Rodirighwannerre.

Taggwathoondatsk

Taggwathoondatsk faddewighk ongwadereanaiyent.
Ronwaye David, *Taggwanderhek.*
O Chriſtus, neneſerong ne onwa, neoni tuitkont aekheyathoondatkſe.
O Chriſtus, Taggwathoondatks, ſaddewighkooghhak Taggwathoondatks, O Kayaner Chriſtus.
Ejibiſti. O Kayaner, Taggwanadoonhaghs ſanidareghſera.
D'yondadisk. Siniyought yonkwarhaare.

Let us Pray. *Dewatdereannaiye.*

WAkwanitughten, O Raniha, ſatkaghtho ſaddawighkooghhah ongwayadaggeheyaet, ne wahooni onweaſughſera ſaghſeana ereataggwahawightas agwegough yokſteſe nenetogeske eghniyagwad'yerhagh ongwarighwannerre; neoni tagg'yough agwegough ne yaghtea yongwayannereaghſisk, wagwegough ayagwanyeghheſe ſiſanidareskough ne yeſeke tuitkont ayonggwayannereaghſtough ne ſiyag'yonhe agwayodeaghſe, ne onweſughſera ſaghſeana, ne wahooni ongeahha raonghhaagh deddewanihogeagh, neoni ſonggwadadiyaſisk Jeſus Chriſtus Songwayaner. *Amen.*

The Prayer of St. *Chryſoſtom.*

Addereaniyent ne Orighwadogeaghti Kryſſoſtom.

TIwagwegough Raeſhatſte Siniyeheinwe Niyoh, Nenetaggwandaerough nena onwa ſereagh oghſerooni yontkeaniſſa, ongwadereanaiyent yeſeke enyagwadadi ne yeſeagh Kaniga teggeni netens aſſeagh enyagotkonniſſough Saghſeanagough aſſeyathoondatſe ayoyanneregge Wagwanegeagh, ne ſiniyerrhe inyenidughte ſinhaſehogough, ne wahooni Saderiyendare vendare, afheyadaghniradde Karonghyage ayeghte, aghferre kerit, neoni taggyough ne onwa Siyagyonhe ayagwayenderihagge Sodogeskeetfera, neoni finoondawe ne finiyeheinwe ayagyonhegge, *Amen.*

2 Cor. 13. 14.

NE Raodearat Songgwayaner Jefus Chriftus, neoni Ranorunkkwa Niyoh, neoni Raodyoughkwa oe Ronigoghriyoughftough agwegough addowefegge finiyeheinwe, *Amen.*

A Prayer for Rain.

Addereanaiyent teyodoghwhenjoghhoegh ayogeanore.

O Niyoh, Karonghyage tighfideron Raniha, ne raorighhoonyaet raonghha rodoonni eghtjeah fhewannendaafe agwegough ne Sayanertfera neoni ne fagariwat yoderighwagwarighfhund yayfaksk agwegongh nenahote finadeyodoghwhenjoghhogh ne yagonheghkon. Tagg'yough, wakwaniteahtea, nenegea fedeyonggwadaghharearong, ayogeanore neoni agayerite, ne wahooni ne finiyawightyarusk ne oghwhenja ayonggweyon ne agwayerongge, neoni ne ayotkonyotfton faghfeana neayoni ayongwayendoene, raorighhoonnyyaet Jefus Chriftus Songgwayaner, *Amen.*

A Prayer for Fair Weather.

Addereanaiyent Awonkhnighferiyofegge.

O Oktiwagwegough raefhatfte Royaner Niyoh, ne Yorighhooni ne ongwehogough aggorighwannerakfera, ne Oghwhenjagwegough Sadefhetskoghtunk, ne ok yodaddearong fhadegough Niyongwedagge, Neoni oghnageange oya niyaweaungh Seddeanrong finifayereah, Yefegh, ne Yaaghte noonwadong

noonwadong taunſaſheeskoghte; Wagwanideaghtea Waatkwaddeanſuthaghſe, etho Seneanraah Ongwanakwenkſera nenegea Yonghnodonedyeh ne Yogonoreſe neoni Oghnegaogoon ne Yongſwatſwategh, ne ſegough Serong, Togeske onwa Kerighwagwadagwas ne Aiyondonhaganoonwigh, neoni Gcanaiyoughtough Askwanikonkradda ne ayondyeghtaghkwe ſitkaronghyade askeun, ne fidiwadoonnisk ne Oghwhenjiage Siniwaddonniskask Ayongwayendane, nenegea ne aggarighhoni ſeghrewaghttha ayagaweyegh, aonſay agwadowweyendeagh ſiayagyonhegge, neoni ſiniyotderighwhinough ſayanareghtſera ongeughhage, ſaneandont, onweſeghtſera neoniſatkonnyyoſt, tuitkont ayagwagh teandiate raorighhoonnietya, Jeſus Chriſtus Songwayanner *Amen.*

A Prayer in the time of Dearth and Famine.

Addereanaiyent ſiniyagawaandaghſe.

O Niyoh, karonghyage tighſideron Raniha, ſerighhoonnisk yoyannere Sinighs'yerha ne yagonoreeſe, ne oghwhenjiage wadoonniyanyask, ne konderiyoh yonadeghyaghreandyegh neoni ne kenjihogough wagontkatadte, skaaiyong, Wagwanideaghtea, ne ſeghſonghkwawiſhousk ſonggweda, neoni tagg'yough nenegea teyodoghwhenjoughhogh neoni kanorongjeehogh ne yeyeksk, ne yegayerioonwe ne wahooni yagwarongyagoſt onggwarigh wannerakſera, ne wagarighhooni ne yoyannereahſera ſanidareghſera aontkareahrage agagwanha neoni ayotkadegge, taggyough Gengaiye, ſayanereahjeehogh Raniha, ne wahooni ne ranorunkkwa Jeſus Chriſtus Songgwayanner, nenenne aeſeweſegge, neoni ne Ronigoghriyoughſtough, roneandont, ongonnyyoughſtak, neoni onweſeghtſera agwegough ſiniyeheinwe *Amen.* A

A Prayer in the time of War and Tumult.
Addereanaiyent finionderiyousk.

O Oktiwagwegough raeſhatſte Niyoh, ſayaner ne agoyanerhogough neoni skwaddaggwask oktiwagwegough, ſiniſaggwenniyaet, yaghte yawight tayeſadow-wenaworieſe ſiniske eyadiſſough, ſeweniyoh ne agorighwannerakskough waſhehrewaghte neoni nenegea newaſhedeareh, ne togeske-oonwe jondonhagganoonnisk; aſheyadowweyendong neoni taggwaghnereghſunk, wagwennideaghte ongwanigoonragough, ne ſinihoditſanight, ne younkhighſwankſe, feſterunks ſinihaddenaye, ſaghtount raodinaekkwaenkſera, ſerighwaghtounkſeah neoni ronnaddeweyena, ne wahooni ſinayonggwayadawaenne ſaneregwara ayengwanhe, tuitkont ayongwannoonna neagwegough ſiniwaghteroonge, ne wahooni aiyeſoonweſaghte, ſoonkhaah etho noonwe ſeneniiſe waſheriwawaaſe, raorighhoonyyaet, ne tehotdeanſo raonghha Eghtjeeah rodooni Jeſus Chriſtus ſonggwayaner, *Amen.*

A Prayer in time of any common Plague or Sickneſs.
Addereanaiyent Siniyonweandaſe.

O Oktiwagwegough raeſhatſte Niyoh, ne ethoghke ne Royaner-koah David, ſanakwaenkſeragough, jiadak niwaghſa Niwennyowweghſeraſſegh ongwe ſeriyough Wag'yonradarine, neoni ſegough ſaghſeghyarane Sanidareghſera, ne yagoddaddearough Waſheyadow-weyendough, Tendagwanderhek yongwaandeght, ne yotkate neoni yotſanight yonwaandaſe yondaddenoghwhaktadeanni neoni a-aghſerre, Sadayoughtong aſſeyariſte yeſarunk yageghronong a-onghkawe yongwarewaghte ethonayoughtong oñi
onwa

onwa, nenegea Kanradarinife Ereah afskwahawightafe, raorigh hoonnyyaet Jefus Chriftus Songgwayaner, *Amen.*

A Prayer for all Conditions of Men.
Yondaddereanaiyentdaghkweanietha Siokniyagodaweaghfe Ongwehogough.

O Niyoh ne roughfongh neoni feyenawagough agwegough ongwehogough, wagweaniteaghtea ne ongwanigoonragough niyadeyagough nene aghfenoonwone affeenadoonhaghfefehahage ne yefatfenonyafisk ne agwegough ongwehogough, ok oni oya, wagweaniteaghtea fiyoyennereajeehhogh fanoghfadogeaghtige, nenegea ayondatgwadago, neoni ayondadatfterifte newahooni fanigoughriyoghftough, ne agwegough jondatrewaghta nene yagorighwiyoghftough yondatdenadoghkwa ne togeskeonwe fidyohade ayyegte neoni agoowayenawagough dewightaghkough ne aonghhaah ne kanigoonra, finayoughtough kayennerea neoni yodderigh wagwadaggough ne fiayagonhegge, finaawwe wagighronhaghfe feniha yoyennereaghtfera nenegea agwegough kahhaok aondonyeghtaghkwe ne yagonigoorawife, neoni yondatdenigoughrariyough ne yeyerongge, netens finiyagoyeendaghkwe [*Ne agaonghaagh nenegea ne yagawea yongwadereanayehaghfe*] ne aghfenoenwene aghfeyeyeah, neoni ayondatnereaghfi finigough teyagodoghwhenjoni fenigoughraghnirad fiteyagodoughharearough, neoni aonfayagodaghskatsftoughagge agwegough
finadeyagodoghharearough

finadeyagodoghharearough nenegea agweg'ough wagweaniteaghtea ne wahoeni Jesus Christus t'harerrhe, *Amen.*

O God whose Nature, &c.

O Niyoh nenenne tuitkought yedeaghre ne yeweniyo neoni ethoniyought waondeweyeendough, jeenah nenegea ongwadereanayent, neoni ethosenenne yonkhighnereaghtough yongwarighwannerrea, ne ayongwaghnereaghsheagh ne yoyennereaghtsera sisanidareskough, ne wahoeni tehodeantso Jesus Christus geanissongwayerha neoni songwadadd'yasisk, *Amen.*

A General Thanksgiving. *Ne Yondoghraatha.*

O Ktiwagwegough Raeshatste Niyoh, Raniha agwegough Reandearask, tagwanhase Niyadeyagwadderonyousk wagwadoenreagh ongweriaghsagough ne wahoeni agwegough sayanereaghtsera neoni senorunkkwa taggwanonwese, neoni agwegough ongwehogough [*Ne agaoughhaagh nenenne kanadough, ne onwa waonwe waondoenreagh newahoeni yagoyendaugh Kayennerea*] Wagwaneandough ne wahoeni yonkhiyadissough, yonkhiyatsteristha neoni agwegough ne oyadadderieghtsera, nenegea siyag'yonhe, ok agwegough aonghhaagh ne wahoeni yaght'yayeghhewe ayayrough senorunkkwath ne shereaghshough ne oghwhenja ne yorighhoeni songgwayaner Jesus Christus, newohoeni ne Raodeweayena keandearough neoni yodowwenodaghkwaed

ne

ne onweſeaghtſera, neoni Wagweaniteaghtea, tagg'youh nenahotea yekayeri agwanoghtonyoughſe agwegough ſayanereaghtſera, ne ayoni ongweri yekarighwayerioenwe aondoenreagh, yaghok aonghhaagh tegweanneandoughſt agwagh-skweadakskeh, ok neoni ſiyag'yonhe, ne wahoeni iſe agwayodeaghſe, neoni iſekeh ayagweſegge orighwadogeaghtietſeragough, neoni yoderighwagwadaggweagh ongwighniſeragwegough, ne wahoeni Jeſus Chriſtus ſonggwayaner, nenene ſadeſewaweniyo ne Ronigoughriyoughſtough agwegough Utkonyoughtſera neoni onweſeaghtſera ne ſiniyeheinwe, *Amen.*

The Church Catechism.

Yondatderighhoenyenneathagh Onogh-sadogethtige.

Yerigh wanondoentt'ha.

U Theynough saghseana?
   Tayondadi. N. netens M.
Yer. Onkka nenegea sawi kaghseana?
Tag. Neyongkseanawi siyonknigoghserhoegh, Ethonenne wag'yadarane Christusne, neoni Niyo Royeeagh neoni yonggeragwani Karongyage, yodoeugh.
Yer, Oghnenaond'yere ethone yesaghseanawi saghseanagough.
Tag. Waeweneandane aghseaghnikariwagge K'seanagough, D'yod'yereaghtough, ne issiya ongwadi ne onesseaghronough neoni agwegough Raoyodeaghsera, ne kanayehsera Neoni yawegase ne oghwhensia neoni ne yodakseansa yonoosheagh neowarouh, Ne tiggenihadont, ne agwegough aondongwightaghkough ne Skarighware ne karighwiyoughstahk dewightaghkough, Ne Aghseaghhadont, neneyageriette Niyo irerr'he orihhwado-geaghti neoni weani, ne sagat ayagwesegge eghniseragwegough sinengonhekke.
Yer. Yaghkeagh tighsenoughtonyoughsk, ne aghsinerenge, ne agayea agwegough tighsightaghkough

tighsightaghkough neoni etho▆▆ aghs'yere, nanahote saghseanagough yagawenondaugh?

Tay. Etho Togeskie-oenwe; ne ahaksneanough Niyo igerr'he ethonengadd'yere, neoni eahhiyadoenreagh Raggeniha Karongyage t'heinderough ne agweriaghsagough, nene ronoghweugh nenegea sinikayadoteagh ne yontsenonniaetdaghkwa karongyage K'heronghyeghha raorighhunniaet Jesus Christus karongyage songgwayadeahawightha. Neoni I yenideaghtasiesk Niyo, ne arrer'he K'heyough keanderough, newahoenni ok ne sagat aongenawagoughhagge siniyenkadonhooktea.

yer. Ya'jeerough neskarighware tesightaghkough.

Tay. Tewagightaghkough Niyo seragough ne Raniha, ne agwegough tihaeshatste, raonissough ne karonia neoni ne oghwhensia, reoni Jesus Christus seragough raonhaagh Rohawak rodoeni, Eghtsidewayaner, ne t'hoyeghtaghkough Ronigoughriyoughstoughne, rodoeni yaghta kanahkwayenderi Maria, ne Rorongyageagh sinihaweniyoghne Pontius Pilatus, tehonwayeandaenhare, Raonghheyyough neoni ronwayadat, nagough raweanoughtough onessheagh, ne aghseagh niwighniseragighhadont nisotketskweagh ne sinihaweheiyoughne, teshoodeagh karongyage rawenoughtough, yesheinderough siraweyeendightaghkough rasnungge ne Niyo ne agwegough tihaeshatste Raniha, etho tenthayeaghtaghkwe, ne oenea tentheahroughsa ne yagonhenyough neoni ne yagaweheiyoughserough. Tewagightaghtaghkough ne Ronigoughriyougstough seragouh sikend'yough-gwado geaghti. Ne yeyadare orighwadogeagtigea, En'jondatderighwiyoughsteagh ne karighwannerrea ne en'jontketskogh ne yeyerongge neoni siniyeheinwe snyagonhenyongge, Amen.

yer. Oghnahoote saddatderighoen'yenisk sinid'yought

yought nenegea ska▪hware tefightaghkough?

Tay. D'yod'yereghtough, Kadatdetighhoen'yenisk, ne agwagh endewagightaghkough Niyo feragough ne Raniha, nenenne nenegea oghwhenfiagwegough Rag'yadiffough.

Ne Tiggenibadont, Niyo Ronwaye feragongh, nenenne i-i neoni agwegough oengwehoogough eghnigwaghfa faegoghnereaghfhough.

Ne aghfeaghbadont, Niyo Ronigoughriyoughftough feragough nenenne i-i neoni agwegough fagoyadoughronggweagh Niyo fagoyadadogeaghftough.

yer. Saadough, nene yefaghfeanawi yefawenendafegh, ne Niyo fagaweaniafayenawagough, ya'jeerough tonanigough.

Tay. Oyeri.

Yer. Kaddinengayea?

Tay. Nenenne fagat, nenahote Niyo yehodadi ne tewaghfeagh Kapittel Exodus, Wahainron, I agyaner fa Niyo ne gwayadinegeaghhoegh *Egipten* ne fiyetfinhaeskwe.

Ne D'yod'yereghtough Weani.

1. Toghfa oya Niyohoogough Efayeandagge fiskoeghfonde.

Ne Tiggenibadont Weani.

2. Toghfa Aghfaddad'yadoughniferonn'yea, fegough otheynough taonfag'yadd'yereagh, ne karongyage, neoni oghwhenfiage, neoni oghwhenfiagough ne kanonwagough kondinageri. Toghfaok ne defadontfothaghfe ne aghferighwanegennighhegge, ikea ne aggyaner faniyoh wagenofheagh Niyo, wakerighwaghftough ne Karighwannerre, nerodikftenhoogough fagodiyeogoeagh ne aghfeagh nekayeri N'yadefuitfwanet neneyonkkeghroenni nefane wagennidareskon

gennidareskon teyonkn'yawighferough yongg noen-
wefe keyaght'yawayawarati●●gothoendadough.

Ne aghfeaghhadont Weani.

3. Toghfaok eghfennayefaght ne Royaner fa Ni-
yoh, ikea ne Royaner yaghtane ok yaght'va fakorigh-
waftanihegge, neraoghfeana ayontfawanoriaette.

Ne kayerighhadont Weani.

4. T'jaderiendarak ne Sabbat fenondadogigh-
ftoughhak ne yayaek niwighniferage ne enfayodege,
agwegough enfewaghfa finifewayodeghferough; oyafa-
ne t'jadakhadont Raofabbat ne Royaner faniyo,
onedeghyaghot'heenogh faghfadyereNeife yaghta oen
ne Eght'jeeah, yaghta oeni nefeyeeagh, yaghta oen
Eghtfenhaafe, yaghta oeni Nefinhaafe, yaghta oen
faggwariyo, yaghta oeni Nekahowhent'jaye aye-
foughwant'joreaugh, ikea yayaek Niyodane Royaner
Raoniffough ne Karonya neoni oghwhenfia, neoni
kanyadare agwegough finiwat N'yeho-dorishoegh ne
t'jadakhadont Niyoda, newahoeni rawandad-deries-
ftoughRoyaner ne fabbat rawighniferadogeaghftounk.

Ne wifkhadont Weani.

5. Edskonnieafthak ne yaniha neoni nefaniftegh-
hagh ethone ayoenife aghfonhegge oghwhenjage, ne
wahoeni afayennereaghfe fid'youghwenfiayeah, ne
Royaner faniyo eanyough.

Ne yayaekhadont Weani.

6. Toghfaok Aghfirriyo.

Ne jadakhadont Weani.

7. Toghfaok t'haonghfaghfadogea.

Ne fhadegoughhaaont Weani.

8. Thoghfaok

8. Thoghſaok aſſeoosko.

Ne Tuightoughadont Weani.

9. ToghſaokDaeghſewadatſneinough dayaſewadad denoweaghteagh ſaghs'yadat.

Ne Oyerighhadont Weani.

10. Toghſaok Aghſenosha ne ſaſyadat yagonoghſad-, toghſaok aghſenoſha ſaſyadat teyederough, oeni Ronwan-haaſe, oeni konwanhaaſe, oeni Raodikwariyo, oeni utheynough aghhodiyeendagge ſaſyadat.

yer. Utheynough ſaddatderighoen'yenisk ſinid'yought nenegea weani?

Tay. Kaddadderihoen'yenisk degariwagge, nenetſagat ſinenwagereah Niyoghne, neoni ſinenkheyeraaſe ſag'yadat.

yer. Oghnanehote kagarodde ſineght'jeeraaſe Niyo?

Tay. Sinenwagereah, Raonghhat'ſeragough endewagightaghkough, eahietſaghnighſegge, eahinorunkkwagge aggweriaghſagwegough, Agwadonhegh'tſeragwegough ageeſhatſteaght'-ſeragwegough ne eaghhigonn'youghſthagge, eahhiyadoenreagh, raonghhaagh eahhiyadowwenodaghkwaethagge, yeghhironghyeaghhagge, raoghſeana neoni Raoweanadogighti engoewayeſaghte, Neoni yekayerioenwe eahhiyoodeaghle ſiniwighniſeragegh engonhegge.

yer. Oghnanahote kagarodde ſineaſſeyeraſe ſaſyadat?

Tag. Sineanwagerea, ne Eaghhinorunkkhwagge ſiniyought kaddatdenoenweſe; ne agwegough Oengwehoegough ethonak'heyerre ſiniyought agwegough oengwehoegough nayonggere. Nehe yonggwatdowwedough aekhenorunkkwagge, akhegen'youghſthagge Neoni akheyenawaſeghhegge. Ne ſinagadd'yere

ne

ne Koraghkoo neoni agwegough neyondatdennageraghtough, akhegonn'youghsthagge neoni akheyathoendaddihegge ne agwegough yonkkwadaggwaghsk, sagoderighhoen'yenisk, ne Keanihadiyerhagh karighwiyoughstogh neoni Radiweniyose, Akheyenageraghtoghhagge aggenigoen ragough neoni oyotkonn'youghsttoghhagge sinaekhcyeraase agwegough, ne suggha yegwaneaghse siniyought. Ne yaghonkka akheyesaghtaayongh Aondagadadinetens kayodeaughne. Oktiwagwegough Aongwaderighwagwarieghsheagh, Agatteweyenoenni neoni ayottaggwarighshough siagesegge. Ne yaghthaoendaghke g'yadagough adatsweaugh neoni aonggenigoughrakseahhagge, ne agenoghskwaghsegge, keanasakske ayonoweahagge, Kagoenadough, adaddewenodaugh, yodaksagh yondaddyadaghkwa, neoni yondaddatroriyasisk. Agatteweyeendough Negerongge aaksteroughse aonttukhagge neoni yaghotheynnough t'hayaoregge. Ne yaghthakhenosha agooreah agooweagh; netens tagaderiyeendagare nok eawag'yodea neoni engatsteenyarough engeghsagge neteyodoghwenjoughhoegh gonheghkough ne agoonreane, neoni sinayoughtough sigonhe yageriette, nesineaghhanoenwene Niyo neahageroughyahearate.

yer. Goenoengwese kyeea, agwagh sadereeandarak, Nenegea karighwaogough yaghtea t'yaghsheriette sinisaashatsteaghtsera, segough oeni yaaghsewe Niyo sagaweani, neoni Ethogh-

t'jee

t'jee ahoewayoodeaghſe, ne yaghteah teaghhagodearaane, negadi ꝗoenie Aghſadatdcrihoenn'yenighhegge neayoeni tuitkought aghſatſteenyareagh addereanayent enyageſagge.

Genn'yough wagathoendik nene aghſeweyeendightong Raodereanayent ne Royaner.

Tay. Songgwaniha ne karongyage tighſideron, waſaghſaenadogeaghtine, ſayanert'ſera iewe, taghſerre eghniawan, Siniyought Karonghyagough, oni oghwhenſiage, Niyadewighniſerage taggwanadaranondaghſik nonwa, neoni tondagwarighwiyoughſton, ſiniyought oni ſiakwadaderighwiyoughſteani, neoni toghſa daggwaghſarineght dewaddatdennageraghtoongge neſane ſadſiadaggwahs nekondighſeroheanſe, Amen.

Yer. Oghnenahotea eghtſenegeanisk Niyo geangayea Addereanayent?

Tay. Hinegeanisk ne Royaner Eghtſidewa-Niyo neoni karongyage t'heinderough Raniha, Nenenne ſagoowiesk agweyough Oyennereaghtaghk, ne raonghha neoni agwegough oengwehoogough aarerr'he K'heſatſtat ne Raodearaet, na aſhakwagonn'yeaghſteagge neoni aſhagwayoodeaghſe yagarighwayerige agwegough ahoewathoendatſe. Hi yeeniteaghtaſiſk oeni ne aſhoengg'yough, agwegough nenahote teyodough whenjoughhoegh Aggwayerocenge Neoni karongyage aawwighte ne adonhetſthogough; ne aſhunggwayena ſironidareſkough neoni aonſashoengwarighwiyoughſtea ne yonggwarighwannerrea: Nenahanoenwene nenaſhoengwanhe agwegough
karigh-

karighwiyoughſtaghkne neo🙥wayodondoghharearough aggwayerongge; Ayonkhiyadowweyeandough ne wahoenni Agwegoughkondighſeroheanſe neoni geandakſat'ha karighwannerrea, ne yonkhinigoughraghſweaghſe neoni ſiniyeheinwe geaheygough: neoni geangayea agwegough wagadowwenodaghkough ethonahadd'yere ſinihonideareſkough neoni Roddewighk Oyennereahtſera, newahoenni Eghtſidewayaner Jeſus Chriſtus, newagarihoeni kaadough ſiyeyoodookte, Amen.

Ethoniyought yageanrough.

Yer. Tonegough ſakramenthogoon Chriſtus Royoendon Raonoghſadogightige?

Tay. Tiggeniok, ne rawerough teyodoughwhenjoughhoegh ne karongyageayontſenonn'yaettaghkwe geangayea, yondotnegoſſeraghsk, neoni orighwadogeaghti tegarighwagighhadont.

Yer. Oghnenahote Saghronggat'hah neneyoendouh ſakrament?

Tay. Kaghronggat'hah ſiniyeyoderighwhinoughneyontkaghthoghsk Watdenyendeghſtough ne nagough neoni karighwiyoughſtough yonkhidearough, Chriſtus Royoendough, newahoeni ethonayoughtoghhagge ſinikayadooteagh, ethoſenenne ne ſagat yonggwayeandaaſe ne waddenyendeaghſtough nenahote orighwhiyoot'jee yonggwatdoonſisk.

Yer. Tonadeyekhaghſhoughs ne onſkat ſakrament?

Tay.

Tay. Tiggeni, ＆ jeeyonkaghthoghtha watden'yendeaghftough neoni nagough karighwiyoughftaghk keandearouh.

Yer. Oghnenahotea nenagough yontkaghthoghsk wadden'yendeaghftough netens finiyought neadatnegoferhoegh ?

Tay. Oghneganoghfk, yondatnegoferaghtha, ne Raghfeanagough ne Raniha, neoni ne Ronwaye neoni ne Ronigoughriyoughftough.

Yer. Oghnenahotea nenagough neoni karighwiyoughftaghk keandearough ?

Tay. Ne geahheyyoughfe karighwannerrea, neoni afe Waondoennie finiyought yodderighwagwadaggweagh, ikea finiyeyadodeanfe karighwaneraakferagough yagoodoeni neoni ondatd'yeogoeagh ne kanakweaugh, geanthowaonkhiyoenni ne keanderough ondat d'yeogoeagh,

Yer. Oghnenne yagaweagh enyond'yerea neyondat ne gofferawhhe ?

Tay. Ent'jondonhaganoennie, ne engarihoenni enyeghsweaghfegge ne karighwannerre, ne tewightaghkough ne enggarihoenni Togeskieoenwe end'yagawightaghkoegh ne Rowenendaugh Niyo ronoghhage geangaye fakrament finikayadooteagh yondatdeani.

Yer. Oghnenne wahoenni yondatnegofferafk ne ikfaogoeagh, ne yaghtteyawight ikfaogoeagh negayeyeriette ?

Tay. Newahoenni geangayea tet jaareagh yeweneandafe, ne wahoenwadighfeanough, nenahotea yagoewenondaugh agaonghha yereiette enyegowanha.

yegowanha.

Yer. Oghnenahotea werough neorighwadogeaghti tegarighwagighadont Kayooendough?

Tay. Newahoenni tuitkough ayagawighyaghragh-konnihegge ne Rodewendightough Neoni Raweahey-yaet Khriſtus, neoni kayannerough ethod'yoyegh-taghkough yonggwayeandaaſe.

Yer. Oghnenahotea yonnt'ha newadden'yendeagh-ſtough ne Royaner Raorighwadogeaghtighliadont?

Tay. Kanadarok neoni oneaghharadeſeghhoegh-ſeraggerie, nenahote ne Royaner ſagaweani enyeye-ghſegge.

Yer. Oghnenahotea nagough kayadareaghkough, neoni wadden'yendeaghſtough ſiniyood'yerea?

Tay. Ne rayerongge neoni RaonigweaghſaChriſtus, nenahotea Togeſkioenwe yagoyenah ned'yagawigh-taghkough ne orighwadogeaghti degarighwagighha-dont.

Yer. Oghnikayennereaghſerooteagh, negeantho dewayadaraaſe?

Tay. Ne kaeſhatſtatskh neoni t'jonheght'jeegh-hoegh ongwadonheſt, newahoeni rayeronge neoni Raonigweaghſa Chriſtus, Negarighhoenisk onggwa-donheſt ſadegoewadenoendeagh agwayerongge ſon-dagaridadde newahoenni kanadarok neoni oneagh-haradaſeghhoeghſeraggeri.

Yer. Oghneane yagaweagh nayond'yerea ne wa-eaghreg'yadaraen ne Royaner Raorighwadogightigh-hadont?

Tay. Ne enyondatdenigoughtieſagge, netogeſ-kioenwe aonſayondatrewaghte ſiniyagorighwan-nerrea, neoni ayoghnifough ayerhegge aaſe ſiyengon-hegge, Neoni Enyonheghtjeeghoegh endewagigh-taghkough Niyo ſeragough ſironidareſkoegh newa-hoeni Chriſtus, ne ayondaghreanighhegge ayaga-

H wighyaghraghkweanihagge

Tay. Tiggeni, jeeyonkaghthoghtha watden'yendeaghftough neoni nagough karighwiyoughftaghk keandearouh.

Yer. Oghnenahotea nenagough yontkaghthoghsk wadden'yendeaghftough netens finiyought neadatnegoferhoegh?

Tay. Oghneganoghfk, yondatnegoferaghtha, ne Raghfeanagough ne Raniha, neoni ne Ronwaye neoni ne Ronigoughriyoughftough.

Yer. Oghnenahotea nenagough neoni karighwiyoughftaghk keandearough?

Tay. Ne geahheyyoughfe karighwannerre neoni afe Waondoennie finiyought yodderighwagwadaggweagh, ikea finiyeyadodeanfe karighwaneraakferagough yagoodoeni neoni ondatd'yeogoeagh ne kanakweaugh, geantho waonkhiyoenni ne keanderough ondat d'yeogoeagh.

Yer. Oghnenne yagaweagh enyond'yerea neyondat ne gofferawhhe?

Tay. Ent'jondonhaganoennie, ne engarihoenni enyeghsweaghfegge ne karighwannerre, ne tewightaghkough ne enggarihoenni Togeskieoenwe end'yagawightaghkoegh ne Rowenendaugh Niyo ronoghhage geangaye fakrament finikayadooteagh yondatdeani.

Yer. Oghnenne wahoenni yondatnegofferan ne ikfaogoeagh, ne yaghtteyawight ikfaogoeagh negayeyeriette?

Tay. Newahoenni geangayea tet jaareagh yeweneandafe, ne wahoenwadighfeanough, nenahotea yagoewenondaugh agaonghha yereiette enyegowanha.

yegowanha.

Yer. Oghnenahotea werough neorighwadogeaghti tegarighwagighadont Kayooendough?

Tay. Newahoenni tuitkough ayagawighyaghragh konnihegge ne Rodewendightough Neoni Raweaheyyaet Khriſtus, neoni kayannerough ethod'yoyeghtaghkough yonggwayeandaaſe.

Yer. Oghnenahotea yonnt'ha newadden'yendeaghſtough ne Royaner Raorighwadogeaghtighhadont?

Tay. Kanadarok neoni oneaghharadeſeghhoeghſeraggerie, nenahote ne Royaner ſagaweani enyeyenaghſegge.

Yer. Oghnenahotea nagough kayadareaghkough, neoni wadden'yendeaghſtough ſiniyood'yerea?

Tay. Ne rayerongge neoni RaonigweaghſaChriſtus, nenahotea Togeſkioenwe yagoyenah ned'yagawightaghkough ne orighwadogeaghti degarighwagighhadont.

Yer. Oghnikayennereaghſerooteagh, negeantho dewayadaraaſe?

Tay. Ne kaeſhatſtatskh neoni t'jonheght'jeeghhoegh ongwadonheſt, newahoeni rayeronge neoni Raonigweaghſa Chriſtus, Negarighhoenisk onggwadonheſt ſadegoewadenoendeagh agwayerongge ſondagaridadde newahoenni kanadarok neoni oneaghharadaſeghhoeghſeraggeri.

Yer. Oghneañe yagaweagh nayond'yerea ne waeaghreg'yadaraen ne Royaner Raorighwadogightighhadont?

Tay. Ne enyondatdenigoughtieſagge, netogeſkioenwe aonſayohdatrewaghte ſiniyagorighwannerrea, neoni ayoghniſough ayerhegge aaſe ſiyengonhegge, Neoni Enyonheghtjeeghoegh endewagightaghkough Niyo ſeragough ſironidareſkoegh newahoeni Chriſtus, ne ayondaghreanighhegge ayaga-

H wighyaghraghkweanihagge

raweaheyyaet neoni Ayondaddenorunkkwagge siniyought ondatdegeaogoeagh agwegough oengwehoogough.

A Morning Prayer for the Master and Shollars.

Ne Orhoengene addereanayent ne Eahaathagge Sagorighhoenyenie Neoni Yondadderighhoen'yenisk.

ROneandoont ne Royaner ne sidagaraghkwinnegeane, ne sinadenwatsothogh ne sagat. Ise tagwanniyoh, Neoni yaggwighre engwaneandough; ise taggwanniyoh, neoni yaggwighre Engwaddoenreagh.
 Ise taggwayadissough yesayereah; Niyadewighniserage sayenawagough neoni wadeskwaghsnieah; ise taggwaghnereaghshough ne yorighhoeni ne Raonigwaeghsancrugh rayadanorough Eghjeeagh; ise skwawie sarighwadogeaghtie ne wahoeni ayonkhirighwaweyosteagh Neoni sanigoughriyoughstough tagwarharatsteani ne wahoeni ayongwanhe; ise ne yakhienoghkwe neoni yoyennere siniyeyerha seyattogaatdeanie, nenenne yagotsteenyaroughkwe ne siyonkhi yeghyareagh neoni yonkhirighhoenn'yenie: ise nenegea yorheaugh wagwatkanissaaghte ne ayonkhirighhoennie nenahotea ayagwatsenoenyaatdaghkwe.
 Newahoeni nenegea, neoni agwegough sadd'yesaat, kanigoughrage neoni sinaauwe, ongwadonhest aghsyadaddyrieste neoni agoenwagowanaghte Saghseanadogeaghti, Ongwanigoenragough wagweanieteaghtea

teaghtea ne aghs'yena nenegea orhoengene Wagwarighwayehaghſe ne yoneandoont neoni yagwadoenreask ne wagarighhoeni Jeſus Ghriſtus ſonggwayaner.

Neoni iſe O ſayanner, nenenne taggwayenawagough nenegea Ondighniſeraghdaghſaweagh Waſkwayaathewe, Ethonoenwe Aſkwanoena ne agarighhoeni ſagwenyeghtſera kaaſhatſteaghk, neoni tagyough nenegea wighniſerade ne yaghta yagwarighwaneraekhe, ſegoughne tayongwadoghharearough kaniga, ok ne ongwayodeaghſera ne agarighhoeni agwegough aghſerighwhiſſa ayagwadagough, newahoeni tuitkont ne Ethonayagwadd'yere nenahotea yodderighwagwarighſhough ſivadeskanere, ne wagarighhoeni Jeſus Chriſtus ſongwayaner.

Waddogea wagweaniteaghte newahoeni ayonkhiyadad dyrieſte ne oghwage yongwaderieandoghſough, Taggwaheandeans o ſayanner, ne agwegough ongwadeweyena ne aggene ſennidareſkough ſadd'yeſaat, Neoni taggwaghtendiyaat ne aggene tuitkont Seghſnieanouſk, ne wahoeni nenegeangaye neoni agwegough ongwayodeaghſera nenenne ſarihoenie t'yagodaghſawea, yehaaſheawe neoni ne ſiniyeyoderighwhinough yaonthewe ſaghſeanadogeaghtie ayag'yonweſaghte, Neoni ne oghnageange ne agarighhoeni ſanidareghtſera ne ſiniyeheinwe ayag'yonhegge ayaggwauwe, Ne wagarighhoeni Jeſus Criſtus ſongwayaner.

Ditſwatheet, Wagweaniteahtea, Ongwanigoenra taggwanigoughraghnierat, Aſkweriyaghſadogeaghtieſte neoni ſwadago ſienyag'yonhegge Taggwaſnieaneah nenenne ayagwarighwaweyeendightane neoni tayagwayadorighte ne ſiniyoyennereſe, newahoeni orighwhiyo ayongwarihwiyoſtough, neoni ayagoyeendaghte ne oghwhenjage ne ayoonweſaghte ſietſagh-

ſeanowanea

ſeanowanea Ne ayagonigoughrieyohagge nenenne Ne Eghnieyought yogoddewihk goenwarſteenyaroenſighhaghkwe ongwadonheſt neoni aggwayerongge, Neoni yaggwaweniyo oghwage neoni oghnageange enyoyenneraſtough.

Gienyough ſayadaddorieghtſera watkadat ſ'eyad'yeans agwegough yakhinoghkwe neoni yoyennere ſiniyeyerha, Waddogea ne yagorighwawaakhoegh nenenne yagottaggwarighſhough ne wahoeni ne taonrihwarynie ne Evangelium Soniſſaagh tayorighwagaghtough ne Ronadeweyena radighinongge, O Sayanner ne Ronadeweyena Radiſnongge ſoniſſaagh ne tayorighwagaghtough.

Nenegea Ronwanadereanayenie tejareagh neoni org'youghha ongwanigoenragough wagwariewyyeah ne Raghſeanagough Eghjeeagh Jeſus Chriſtus ſongwaghnereaghſhough, Enyagwarighhooktea ne Raonghha agwegough yeyotheght Raodereanayent ſinikaweanagge.

Songwaniha ne Karoughyage,---

An Evening Prayer for the Maſter and Schollars.

Ne yogaraſka Eaghhadereanayendaghkwagge ne ſagorihhhoen'yeni neoni yondatderigh hoen'yeniſk.

TAgywariewawaas, wagwenieteaghtea, O ſayanner, yogaraſkha wagwarighwayenhaghſe ne yoneandoont neoni wagwadoenreagh ne wahoeni agwegough

wegough fayennereaghtfera Neoni yonoenwight taggwarighwawafifk ; Waddogea newahoenine taggwayadadyrieftonh nenegea wighniferade; ne wahoeni fendearaat yongwanoghne Neoni fayenawagough, newahoeni ne yoweyeftoonfe nenenne yongwayendaugh, Wahoeni ne yonkhirighhoenyeni neoni onderighwaghteandi ongwanigoenra. Newahoeni agwegough ne waonkhiyeyeagh nenegea Yag'yonhe, Neoni ne yoddowwenodaghkwaat ne finiyeheinwe Enyag'yonhegge, ne wagarrihhoeni Jefus Kriftus fongwaghnereagtfhough.

Tondaggwarighwiyoghftoh agwegough ronidarefkough Raniha, ongwanigoenragouh wagweaniteaghtea, agwegough yonggwatfwadough neoni jonggwatderighwadewaghtough nenahotea ong'yoghhat'feragough yefatkaghtho ne yoddeghniferadohetftough, neoni taggwafnieanogh aondayagwayeriete yonhadeant ne ayagwayageaghwe ne wahoeni nenahotea finijonderighwadewaghtha ne agarighhoeni ayagwatfteenyareagh nenenne ayotkanoeniehagge.

Ne yaghteayongwaderieandare taggwarighhoeni, taggwarighwaweyofteagh ne agwegough ogaaffough finayagwadd'yere okt'hatejareagh ne ifege neoni ongwehoogouh finenyakhiyerafe; Neoni tagyough kendearough tuitkont Ethonayaggwadd'yenea nenagarighhoteane yggenereft neoni aghfenoenwene fiyadefkanere ne wagarighhoeni Jefus Kriftus fongwayaner.

Agwegough

Agwegough ne yoyennere yonkhirighwaweyeſteanie nenahotea keawighniſerade yonkhiyawie. Tagyough ne ayongwatſteenyarongge ne ayagwenoghtonyoghſe, neoni ethojee ayagwadd'yanieddah: Neoni nenahotea kanoſhat'ſerieyo ſeyedeaeanineongweriaghſagough yeſaſeaghtough, tagyough ne agarighhoeni ne wagonhe ſendearaat etho ayondadd'yaathewe ayagotkanoniehagge newahoeni ne ayotkonyoſtogh ne ſaghſeana, neoni ong'youghha, ſadayoghtogh nenenne yonkhirighwawanſiſk nenegea kayodeaughne yonkhirighwaweyoſteanie ayonkhiyeghyeghſeggene wahoeni ſinenwighniſeradegge ne Endeſhagoradde ne Eaharighhoeni ſongwayaner neoni karongyage ſagoyadeahawighha Jeſus Chriſtus.

Ditſwatheet ongwaghſadagoughſera wagweaniteaghtea, O Sayanner, neoni wagarighhoeni gwanea ſanidareaghtſera tondaggwanoena ne agwegough ſiniwaghterongge neoni aoonghightſera nenegea waghſoende, yadegagonde ne aſkwayadaddyrieſte nenenne yongwayeendaſe, Neoni aſkwaghsnieanoegh ongwadoenraat ne agarighhoeni ayag'yoonderene, ne ayoeni aondeweyeendongge aiyoonde neoni ne aonderighwaghteande ne agaſtonde

Eghtijadaddyrieſt, O Sayanner, wagweaniteaghtea agwegough yakhinoghkwe neoni yoyennere ſiniyeyerha, waddogea ne yagorighwawaakhoegh ne wahoeni nenahotea Ethonoenwe ethonenyonggwayerea ne wahoeni Enyakhiyadereanayehaghſe, Skwadagough neoni ſoniſaagh tayo-

tayorighwagaghtough Agwegough Raoderighwiyoghſtaghk raddirighwieſaksk ne wahoeni ne taonrighwaryni ne Evangelium ne Oghwhenjage.

Nenegea yoddoenraat Neoni yondereanayendaghkwa ongwanigoenragough wagwarighwayehaghſe ſiniyoh t'hieſkwannea ne wagarighhoeni ne ſagodareanayenie Eghjeeagh Jeſus Chriſtus ſongwayaner, nenenne Raghſeanadogeaghtiet'ſeragough Neoni owennaogough enyagwarighhooktea agwegough ſinayagwanoſhaſk,

Songwaniha, ne karonghyage tighſideron.

A Morning Prayer to be uſed Daily by Every Child of the Houſe.

Ne Orhoengene addereanayent ne wahoeni niyadewighniſerage agonoghſagough niyadegakſadagge ne Enyoonthagge.

ONweſeaghtſera naagh, O ſayanner, nenenne eskweanoennaghkwe ne ſiniwaghterongge ne Geawagtſoendadighkwe, Ne waskwatkanoenyaatteagh ne ſiwagiedaaskwe neoni ſasketskoegh ſughha ſaghſeanadogeaghtie ne ayagwaneandough.

Aggenigoenragoegh wagoyeniteaghtea, O Niyoh, karonghyage t'heanderough Raggeniha, ne rorighhoeni Jeſus Chriſtus Raknereaghſhough,

neoni

neoni ſegough iſege wagad'ya
noſhask yodowenodaghkwaat ɩ
nenegea wighniſerade-neoni aɡ
wagighniſerage Engonhegge.

Taksnieanoegh tagyadiſſougl
ſegge ne Eghniſeragough ſigek

Taggwaddoweyeendough ne
tough neoni keandight'heugh n
dagough ſinengad'yaniſhaagh aɩ
wag'yad'yoniedde, Neoni tagɡ
ongerighwayeendagge ne gwa
dewaghtha.

Taknereaghſhough ne yade
weriyane, Neoni ne yongwade
d'yoghkwakſe.

Yehaaſterous agwerie agweɡ
nereſe ; newahoeni aongwaddo
oni aggenigoenragough, toɡ
aongwadderighwagwarighſhou
oni ayoghnegarongge, ne ayotɩ
oni aekhewenaraghkwagge, n
nea; Ne yadeyotkeandadde a
ſaghnighſegge neoni agonorun
dat aekhenorunghkwagge ſiniy
yadeyagough Ethonaakheyerre
r'he Ethonayongerre.

Gienyough ſagaenyoughtɩ
wighniſerade wakkwadagough
yodakſeanſe: Gienyough ne
goughriyoughſtough tuitkont
neoni aongenhe.

Tagyadaddyrieſt, Wagoyeniteaghteagh, ſigadadderighhoen'yenie, neoni takſnieanough Niyadewigh niſerage ne aond'yeſte agattogaghſegge neoni kanigoughrowaneaghtſera, neoni agwegough yoyennereſe.

Ne kanigoenragough wagoyeniteaghtae ne ayagoyadaddyrie agwegough ong'youghhage neoni teyagwaddaddenoghkwe (Waddogea Raggeniha neoni Eſteaah Aggwaddaddegeaogoeagh neoni aggwaddenoſſeaghha neoni Niyadeyagough nenegea kanoeghſagough) Yaaſheyough agwegough ne Enyagoyennereaghſteagh nenegea ſiyagonhe. Neoni yaaſheyaatheauw ne ſiniyeheinwe Enyagonhegge.

Aggenigoenragough wagadd'yadond'yeghte iſege O ſayanner ne Raghſeanagough Jeſus Chriſtus karongyage Songwayadeahawightha neoni ne O weanagough Raonghha Raggerighhoen'yenie,

An Evening Prayer to be uſed daily by Every Child at home.

Ne Yogaraſka Addereanayent newahoeni niyadewigh niſerage agonoghſagough niyadegakſadagge ne Enyoonthagge.

ONweſeaghtſera iſe, O ſayanner, nenenne taggenoenaghkwe nenegeawighniſeradighkwe, nenenne tag'yadanoeghſtadough ne agwegough ne ſinikaghſeroheanſe ethonoenwe nenahotea tuitkont addenoſerheah iegedde nenegea yaghtea gaddogea ſigonhe, nenenne ſerough ſkeanea t'hihronhe, nenenne tagyeſteanie agwegouh tewagadoghwhenjoonie

I   kariwa

kariwa yondonhefthagh neoni karighwiyoughftaghk.

Aggenigoenragough Wagoyeniteaghtea, O karonghyage t'heanderough Raniha, ne afkerighwiyoghfteagh agwegough nenahotea finiwagaderighwadewaghtough nenegea wighniferade yefatkaghtho, aggenoghtonyoughtferagough, netens wagaddadie netens finiwagarea, Takfnieanough, Wagoyeniteaghtea, ne finafk'yadodeaghfte tuitkont agyadaghnegarongge ne tagaghjareagh neoni aekhefcani niyadegaghferoheandagge faoyeraat ne finiwat agyadagough neoni finadeyongwadenageraghtha ne atftea nongadie.

Takfnieanough niyadewighniferage ne a ond'yefteagh ne agattogaghfegge neoni Agenoronghkwe ne Aggeniyoh neoni karonghyage Ragyadeahawightha Jefus Chriftus,

Taggenadoehaghs. ne Ohaghha fenengathadiedaghkwe, finaghhe gekfaaghikeah, neoni tagyough ne yaghtea noweandough t'hagathaharagough.

Tagyadaddyrieft, Wagoyeniteaghtea, agwegough nanahotea yoyennerefe yongerighwaweyofteanie nenegea wighniferade finiyongerea, aonkfnieanea aontfteenyarongge nenenne agyenawagough, neoni ethonoenwe ayotkanoeni ayadighyareagh; Ne wahoeni tuitkont aongwatdighyaghrond'yeagh agenderichagge kanigoughrowaneaghfera neoni yoyennereaghtfera.

Aggenigoenragough wagoyehaghfe aggwadonheft neoni gerongge ne fifatfteenyareagh nenegea waghfoende, Wagoyenieteaghte newahoeni fendearaat taggwanoeghne neoni Oyadaddyrieghtfera.

Neoni Agwegough nenegea Oyadaddyrieghtfera nenenne kadaddeniteaghtafisk nefagat agweriyane k'henofhafifk ne fagwayadat neoni k'henoghkwe. Neoni niyadeyagough geangaye kanoghfagough.

Gienyough

Gienyough ne aſkwanoenwene agwegough ne aſkwagwadagough nenegea onwa ſiyag'yonhe neoni aſkwatharieneghte karonghyagough ſayanentſera, ne aharighhoeni Jeſus Chriſtus ſongwayaner neoni karonghyage ſaggoyadeahawightha nenenne raoweana engerighhooktea aggwaddereanayent,

Songwaniba, ne karonghyage tighſideron.

A Morning Prayer for a Family.

Ne Addereanayent Orhoengene ne Agonoeghſagough.

OKtiwagwegough Raeſhatſte Niyoh, Raniha agwegough Ronidareſkough, yaghteyongwayannere tak'gwanheſe, wagwad'yadadadde ne agwegough ongwanigoenragough ſaniyoughne Yeſenageraghtough, ne Wagwarighwayehaghſe nenegea ſiwaonggwarheane ne yoneandoont neoni wagwadoenreagh newahoeni agwegongh ſayennereaghtſera neoni yonoenwight ſiniſkwayerea waſkwariewawaſe yongwa righwanneraſkough. Wagwaneandough ne wahoeni taggwayadiſſough yeſayereah neoni ſinis'yadotea; ne wahoeni waſkwatkanoeniyate ayeſanorunghkwagge neoni ayeſayeendane ne ſiniyeheinwe. Wagwaneindouh newahoeni wadeſkwaſniea yaghthayoenradde ſinayaweaugh neoni waghterongge, ne ſinaghhe yag'yonhedd'yeſe nenegea geantho yekanighhare: Newahoeni ſiniſayerea aggwayerongge ne geanwaghſondadighkwe ſaddouweyenoenie waſheyeycagh neoni skeanea t'haongweandawe, newahoeni taggwayadanoeghſtadough waskwayaethewe ſid'youghſwathe ne-

negea

negea wighniferade. Wagwaneindough newahoeni finiyagwaksk neoni yagwaghkwatsk, newahoeni skeanont t'hiyag'onhe neoni yakhinoghkwe, neoni ne wahoeni agwegough ne feyeyeghsk neoni yagarighwayerie nenegea fiyag'yonhe. Ok fughha agwegough Wagwaneandoont neoni wagwagowanaghte faghfeandogeaghtie newahoeni yaghteyeyotheght finifhenorunghkwa ne waffnereaghfhough ne youghwhenjade ne Rorighhoeni fongwayaner Jefus Kriftus, ne wahoeni ne Raodewevena ne kendearough neoni ne wahoeni yoddoewenodaghkwaet ne onwefeaghtfera; Neoni Wagweaniteaghtea tagyouh ethonayoughtough ayagweanoghtonyonghkwagge skwaanea neoni teyorighwanedaryough fanidareghtfera taggwawie, ayagwadatnerengge geanayoughtough togeske oenwe ayondoenreagh, finayoughtoohagge fiyagonhe agadogeane, ne agarighhoenie ayagonigouhradogeaghtie, neoni ayagwathoendatfegge fiayagwefegge ifege ongwighniferagwegough.

Wagwadoenderene, O Sayanner, ne yongwatdadiedakfatough finiyonggwatdatd'yerea geanoenwe fanheghfera neoni oyadadyrieghtfera, ne wagarighhoenie efo finiyonghwad'yerea, gwaneanfe neoni yoghfwaat Karighwanerrea; Ok yaggwadighheghfe neoni yongwanigoenrawiefe jagwadonhaganoenisk teyorighwanedaryough jonkwaderighwadewaghtough farighwadogeaghtie, yonoghtonyouhkwa, waondadie neoni Ethoniyagod'yerea : ne yaghtea ethoteyongwayerea nenagarighhotea ne iefeah Ethonenyeyere : Neoni nenagarighhotea Ethoniyongwad'yerea ne iefeah wagwaght'yawearatfe, neoni Ethodewightha fifanidareskough ne yaghtea otheynoe teyongwayadaweaghfe. Ok O oktiwagwegough Raefhatfte neoni Ronidarefkough Niyo, ne fedearask agwegough ongwehogough, neoni nene yaghtea tefhenweaghfe ne feyadifsough, nenenne yaghtea teshenoshask ne raoneaheyyaet yagorighwanerakskough, ok yoyennere acnsayondatrewaghtea siniyerighwanerackśk neoni karongyage ariyeghte, tondagwarighwiyoughsteah sisanidareskough jongwaderighwadewaghtough. tondagwariewawaas neoni askweyeagh, nenenne yongwaghwisheaghne; ne iese sewenieyo tuitkont ne ashederre, soughhaagh tieserohadd'yese ne washerighwiyoughsteagh ne Karighwannerea; taggwayadanoeghstat ne Engarighhoenie sayanertseriyo, taggwayadanoeghstat, ne neaghseghnereaghshough; toghsaok taseyaderiaghtikhoegh ne senhaasehoogough, ok issi ishawight sanakweaghsera siyaggwese, ne wahoeni ne agarighhoenie serighwiyoughsteanie neoni senidareghtsera, ayongwanoghharese agwegough siniyongwarighwannerea, neoni ayesayodeaghse ne skeanea a ayagonigoughrayeendagge ongwighniseragwegough.

Wagwadoenderene, O Sayanner, ne Karighhoenisk ne yaghtea wagatste geaheiyoughie sinayagwayadotea, yaghteayawight agarighwieyohagge sinayagwadd'yerea ne yaghtea t'haghsyaderagge, tagyough ne Engarighhoenie ne ayongwanhe sendearaet, ne wahoeni ayagoyenawagough sinisheyenie, tejarough ne aghserr'he neoni agodeweyena aeshenoenwene.

Taggwarighhoenni ayogwagaeanyea siniyonetskhagh, neoni yaghteagadogea siniyagwayadotea nenegea siniwatgeayoughwhenjade, neoni geanayoghtogh ayagwaradde siniyongwighniserade,

rade, ne wahoeni ayagwatſteenyarough ongweriyaghſagough ayagwanoende ne ſietkarongyade kanigoughrowaneaghtſera: Neoni tagyough ne Enyonkhighnegoſerhongge ne Raweaheiyaet Eghtjecagh karongyage ſongwayedeahawiththa Jeſus Kriſtus, ne agarighhoenni tuitkont agoewariyoughſeggea yodakſeanſe ſiniyagwadd'yerha, ne oghſeroeni ſadayonkhiyadadda, neoni ne agarighhoeni ne ſiyondaed' yadadaghkwa neoni ſikanhogaronde ne Geaheiyough tayaggwadoghhetſte ne ayongwadonharagge ſinenjagwadketskoeght.

A-aghſerrhe aghſenoenwene, Wagweaniteatea, O Sayanner, aſkwadago Ongweriyane neoni agwayerongge, aſkwayadadogeaghtieſtet neoni aſſatſterieſte Keawighniſerade, neoni ongwighniſeragwegough ſinaauwe ayag'yonhegge ſiniyeyoderighwhinouh ſariewa, neoni ayongwayodegge ſiniſheyenie, ne wahoeni ne wagarighhoeni agwegough t'hiſeeſhatſte aſheyadanoeghſtadde tejarough geantho neoni ne ſiniyeheinwe ne agwayerongge neoni ongwadonhetſt ayodonharagge.

Taggwayenawaas, O Sayanner ongwadereanayent neoni yakhiyeniteaghtaſiſk agwegough ſiniyeyadodeanſe neoni ſiniyago yadaweaghſe ne Ongwehoogough. Eghtſeraggwas Eghtjeeagh ne ongwehoenwe, neoni ne ſiyodoghwhenjooktannighhoegh Ethoahad'yeandouh, Wagweaniteaghtea ſadowweyeendough ne ſanoeghſadogeaghtie tuitkont Ayagorighwiyoughſtough, neoni ne agarighhoeni ſiſhenoeghne Skeanea t'hayeenſegge

eenſegge ne agwegough ſiyontkaroeniſk, ſeye-
reagh neoni ſeriewawaas, O Sayaner, ne agwe-
gough nenayadotea nenegea geaokniyoriweis ſi-
g'yonhe ne tewadoghhareghrongge, Wagoe-
ioghwhaktea, ne waehetkeaghtjie Netens Oya-
ough ſiniyontkaroeniſk: aſheyatkaghtho ne yo-
nidareſkough ſkaghtege, kaſheyeyeah neoni
yorighwaghnierough aeſadewenodaghkwe, ne-
oni aſheyatkanoeniyate eghnoenwe ayagodaſ-
catſtough ſiniyontnereagſheagh agwegough ſini-
agaweaghſkwe.

Neoni Wagweaniteaghtea, O Sayanner, tagg-
vatdeahoeghſadats ſiſanidareſkough ne ſenigoen-
are ne onwa ongwadereanayent neoni Gweani-
eaghtaſiſk, neoni tagyough nenahotea ſiniſade-
ighwhinough ſinighterr'he, ayoddoneanodagh-
tough agwarighwanegea, ayooſhatſtegge ayong-
waycendane, ne wahoeni ſinadeyonggwadough-
vhenjoenie ne ayongwaghſnieanouh, neoni
benweſeaghtſera ne ayagwaghtendiyade, ne wa-
arighhoni Jeſus Kriſtus ſonggwayaner, Raongh-
a't ſeragough oyadadyrieghtſera Raoghſeana
eoni Raoweana, ſegough yongwadereanayeah,
Vagweanrough.

SOnggwaniha ne karongyage tighſideron, wa-
ſaghſeanadogeaghtine. Saneyert ſera iewe,
agſerra Eighniawan, ſiniyought karongyagough,
ni oghwanſiage. Niyadewighniſerage taggwa-
adarañondaghſik nenwa: Neoni tondagwarigh-
iyoughſton, ſiniyught oni Jakwadaderighwi-
youghſteani;

youghfteani ; Neoni toghfa daghgwafarineght dewaddatdennageraghtongge nefane fadjadogwaghs ne Kondighferoheanfe, ikea fayanertfera ne naagh, neoni ne kaefhatfle, neoni ne Onwefeaghtak ne finiyeheinwe neoni finiyeheinwe Amen.

An Evening Prayer for a Family.

Ne Addereanayent Yogarafkha ne Agonoeghfagough.

RAefhatfteaghtferagwegouegh Niyo, Raniha fonggwayaner Jefus Chriftus, Raoniffough oktiorighwagwegough, Agwegough Ongwehoogough Tefheyadorightha ; Wagwadoenderen(neoni yagwanafe Teyorighwanedaryough Yongwanighwannerea neoni Yodakfeanfe, ne Siniyongwayeranyough finaghhe ne Wagweanoghtonyough, Wagwadadie neoni finigwayerafe fi Niyoh fiskwanea, finiyongwadad'yerea fadderighwagwarighfhough Kanaekwheaugh neon taghfadderiaghtikhoegh : Orighwiyojie fayagwaddad Rewaghte neoni ongweriyane yongwanigoenranea ne wahoeni Nenegea jongwaderigh wadewaghtongh, taggweanderhek, O Sayanner finoenwe gwanea Sayannereaghtfera, ne finiyeyoderigh whinough yotkate fa Nidareghtfera fafaghtoont jongwaderighwadewaghtongh ; taggwanoghharees ne finiyongwatfwatough, Neoni tondaggwaragewaas ne finiyongwarighwannerea ; tagyoniffa-ayh neoni ong'yonghhat'feragough Afe fafoenie Neoni ongweriyane ayoughteroenfegge, ne wahoeni wahoenife fiyongweande togefkeoenwe ayagwadadonhate, neoni fiyongweandeaght ayag'y oonderen, fa Niyohne ne aondawighte agwegouh onidareghtfera ayongwayeendene neniyeyotheght ahaghtoonde Neoni ayonkhirighwiyoughftough. Tagyough, O Sayanner, ne ayongwanhe fanigoughriyoughftough, ne wahoeni onwa a ondondaghfaweagh, Ayagwighyaragge neoni agwegough finayagwadd'yerea yagayerige oenwe, ne wahoeni yaghteayawight ayoyanneregge sinay agwad'yerhagge ne yaghtha S'yadaragge ne waghfatcanoenyate ne fiyag'yonhe finighferr'ne, ne wahoeni endearaet tuitkont ayonkhiyattoogate neoni ayagvayaneaghhawe, ne tuitkont finayagwadadd'yere yagwadd'yadond'yeghte fietkayodeaghferieyofe. Taggwaghfnieanough O Sayanner, newahonei ayagvadohriyaghneroehaghfe ne teyonkhienihoorough ne taddihfweaghfe Karongyage wagwightane, ne oghrhenja, ne Owearough, neoni ne oneffeaghroonough, eoni aweriyagh yohagge neoni ne agonigoenra ayeaghferre ne Raonghhaagh Nivoh : jenthogh ongreriyaghfagough ne agoewanorunghkwe faghfeana, iggwayeftea ne togefkeoenwe Niyoh raodeweyena, iggwanhonthoegh agwegouh yoyennereaghfera, neoni gwanea fanidareaghtfera tondaggwadouweyeendough e fagariewat. Taggwarighhoeni Sayanner ehnayoughough ayagwaradde finiyongwighniferage, ne wahoeni ngweriyane ayagwaghkwide ne fikanigoughrowaeaghtfera : Neoni tagyough ne ayongwadderighaghtendiyade etonengadighkough fiyegayeah wieyoh e gwanea ayeroughyeghhare ne yonkhirighwadaough ne tewighta ghkough neoni ayondaghkatftadde, e ayagorighwhiyohagge neoni ayagonigoughrieyough,

K

yough, ne ayoughtoonde ne Kanakweaghſera ne yongwadd'yeni, ne aggenie ayenorunghkwe neoni ayagonigoughraghnierough ayeghhewe he ſiyeyodookte : ne Ethone Enyagwayadoendie nenegea ſiyag'yonhe, ne Royanerne ayagewadoreſeraghtough, neoni ne wahoeni ne ſinenjontketſkoegh agwegough ne ſiniwadighniſerooktea, ieſeke aſkwayaathewe aſkwanoenwene, neoni nenenne oyadadyrieghtſera ayongwayeendane nenahotea Eghjahadyrieſtoug Eghtjeeagh yegwegough ne Endeaſhagawea, ne togeſke oenwe ne yeſanorunghkwa neoni yeſatſanighte.

Serighwanyeght yaſayadadogeagtie ayega-canyough O Sayanner Wagweaniteaghtea ongwanigoenragough aeſkwanoena Geawaghſoende, neoni ne wagarighhoeni gwanea ſanidareghtſera taggwaddo'wweyeendough ne Agwegough ſiniwaghteronge neoni dewaddoghhareghrongge; Ethonoenwe ſaghtendiyaat ſayannereaghtſera, O Sayanner, ne agwegoenſe ongwehoogough Eghnigwaghſa, ſederhek agwegough ne aghiadagough yederough neoni yodaghſadare ne geaheiyeah : Ereagh ſeghhawightaas agwegough ſiniyagonnikhereaghſe ne tey oghſighhara-ugh agaweriyane, neoni yegoenadaghkwa faweana ; Neoni tondaghſeyaktaat yaſeyaatheuw ſend'youghkwage, ne wahoeni karongyage a-aiyeghte, geanagayere ſanidareghtſera yaghtha ontkawaghtiegge. Aganoghhare ſanoghſadogeaghtiegea neoni ta-aghtſniea, neoni S'he yough ne agwegough ſiniyeyadaraſe Etho a-ondon yeghtaghkwe ayagonhenyongge ſiniyeyoderighwhinough Karighwiyouhſtak yagowenenda-ugh, ſeyada ddyrieſt Koraghko-ah neoni agwegongh ne yondat denageraghtough, ne wahoeni ronoghha ſinihad'ye righwayerha ne ayoughtendiyade neoni Yayondagh ſonderough ſinayoughtough ſoenweſeaghtſera neoni n yegwegough Ayagoyennereaghſe ſeyadaddyrieſt yon khinoghkwe ne ogwaghrone neoni agwegough yakhi
noghkwe

noghkwe neoni yondeweyenoenifk ok oya ne kariewa Oeanihadiyerha ne neronerough ne ne yagorighwiyoughftough ayagodogeaghfe ne Aonderighwaghteandie nenegea aghfadagough Ongwehoenwe yederough ne 'fiyoughwhenjade Ethonoenwe yag'yonhe Neoni Ethonayoughtough aghfeyadaddyriefte ne finihad'yerighwayerha ne yondatdenhaughhadd'ye enyonkhiennageratfe newahoeni ayonkhirighhoen'yenighhegge, ne wahoeni ayotkate gene aghfadagough fideyoughfwathe Aonfayondatrewaghte, Neoni ne firaafhatfte oneffeaghroonough Niyohne aonfayond'yadondyeghte.

Afheyatkaghtho ne yanidarefkoegh ftaghtege Neoni federhek yegwegough kagieok ayoriewaragge, yagonigoenranea, agonigoenragoegh, agoeyerongge, netens finiyagoyeak, fenigouhraghnierat ne fiyagoronghyage, Neoni afarigwhiyoughfe Ethonoanwe ne ayagodafkatftane tayondoghhetfte agwegough finiyondattoghraragough.

Neoni fadeyoughr gweaniteaghtafifk, O Niyoh, finiyagwadad'yerha Neoni t'hiyeyadadenyough: Wagwanega faghfeanadogeaghtie ne oyagwayadaddyriefte neoni ayagwaneandough ne wahoeni agwegough fayannereaghtfera, neoni finifkwanorunghkwataggwanoenwefe, neoni agwegongh ongwehoogough. Ongweriyane Wagwadoenreagh ne wahoeni geanwighniferadighkwe wadefkwaghfnieah, neoni fina-auwe ayag'yonhegge, ne yaghteayawight ayoenraddie finiyawea-ongge neoni fiwaghterongge; ne wahoeni waonkhiyeyeah neoni yarighwayerie fadeyoughtaghkough ne teyodoghwhenjoughhoegh nenegea fi ag'yonhe. Ok agwegough niyadeyotkeanyough wagwaneandough neoni wagwagoanahte fayenereaghtfera ne finereaghfhough ne youghwhenjade ne rorighhoeni fonggwayaner Jefus Kriftus ne tehodadighkwafe ne geaheiyaat roddaddewendightough, neoni ne fidegayaghfonde newaheoni

K 2   yongweandeaghte

yongweandeaghte yongwarigwanerakſkough, ne wahoeni a-onſaſhonggwagetſko ne ſiniyeheinwe ayag' yonhegge. Taggwarighheonni ayagwadoenreagh ſinayongwayerea, ne agarighhoeni tayagwadadighkwaſe ayoderighwagwarighſhough ſinighſerr'he orighwadogeaghtie neoni aghſenoenwene, neoni ne agarighhoeni ne ayondadderighhoeni ne wahoeni ayeſayodeaghſe ne togeſkeoenwe orighwadogeaghtiet'ſeragough, neoni yodderighwagwarighſhough ongwighniſeragwegough ſiayag'yonhegg. Jeenah O Sayanner nenegea ongwadereanayent neoni yagwaneandoghſk neoni ne wagarighhoeni ne teſſonggwadereanayenie Jeſus Kriſtus ſongwayadadyriſtha karongyage ſongwayadeahawighea neoni ſaooghnereaghſhoughſk, nenenne oyadadyrieghtſera Raghſeanagough neoni oweanage ſegough gwaroughyeghha, wagwearough, *Songwaniha ne karongyage tighſideron*, &c.

※※※※※※※※※※※※※※※※※※※※※※

A Prayer for Repentance and Pardon.

Ne addereanayent newahoeni jondatrewaghtha Neoni jondatderigh-wieyouſthaa.

OKtiwagwegough Ronidareſkough Niyoh, ne yaghtea ſenoſhaſk ne Raoneaheiyaat yagorighwanerakſkough, ok yoyennere ne a-onſayondatrewaghte neoni ayagonhegge; nenenne ſedearough ſa-Evangelium ſeradogeaghtie ſaghheh newahoeni Jongwayenda-ugh, neoni taggwanigoenrat ne wahoeni a-onſayagwatdatrewaghte ne yorighhoeni yokate ſaweanenda-ugh ne kendearough neoni yongerighwiyoſſteani, taggwatkanoeniyaat neoni taggenigoughraghſeroeni nenegea yondatderighhoen'yenietha ſagate
onidareghtſera,

onidareghtſera, ne garighhoeniſk togeſkeoenwe jondonhaganoeniſk neoni ongweriyane ayagwaſſwheagh, ne agarighhoeni agaddeweandighte ne yodohetſtough ſiwagiede, neoni ne agarighhoeni Ayoughnierough agadadderigh wiſſa-aghſe ne onwa aondagge'yoendeagh agerighwayeriete aongwade : neoni Ethoghke, O karongyage tighſiederouh Ranjha, ne wahoeni yaghteyeyodookte ſanidareaghtſera waghſerr'he, neoni ne tehodeantſo neoni Roronghyageagh ne Ronwaye Eghtſenorunghkwa, Raonghhatſeragouh Eghtſenoenweſe, taggenoegharees agwegough ſiniwagat ſwateagh, taggeriewawaas ſannoghwightſeragough, neoni aaghſerr'he Ethonayoughtogh agwegough ne ſiniwagighniierage ſineanwe Engonhegge, ne aharighhoeni Jeſus Kriſtus ſonggwayaner. *Amen.*

A Prayer for removing the Obſtacles of believing.

Ne addereanayent ne wahoeni yagonhightanieſb d'yongwightaghkough Eneah ayeyeagh.

SAyanner ne agwegough tiſeeſhatſte neoni ſagwenyaat nenenne ſerighhoeniſk neoni ſeyawhe oktiwagwegough ſinikarighwiyoſe ; taggenawaas ne Agarighhoeni ſendearaat, ne agaghtoone agwegough ne yaghteayegayerie neoni yodakſeanſe ſinikanoenweſe agweriyane, nenahotea Wagenhightanie ne daongwightaghkough ſarighwadogeaghtie neoni karongyage yegaye togeſkeoenwe. Taggeeſhatſtat ſiwewageriewakſea ne ageſeani, neoni ſinigatſwaathagh ſinig'yerha agatdeweyenoeni, ne yaghte ayongenigoughraniyoh
Agenigoenragough

Agenigoenragough ne tagadadighkwafe finiyagaweah, nenahotea geaniyought Efojie fenigoughroriefk fa-niyoh ferighhowanaghteanie ne ongwehoogough Ondadd'yeogoeagh.

Toghfa tefhenigoughrakhaghfhonggough ne fiaygorighwiyoughftough, fegough ne ayodakfeahagge ne fiayagonhegge nenenne farighwhadogeaghtie yagoyenawagough, yaghteanoweandough fidewagightaghkouh Ereagh ageriewayeagh netens t'haondighe; ayega-eanyoeh orighwadogeaghtie teyondaddenorunghkwa kayennerea neoni fagonigoenrat ne agodeweyena togefkeoenwe fend'youghkwa, neoni ne fanaakwheaghfera yagorighhowa-naghtough ne Karongyage d'yawightough ne finenyagoyadaweagh nenenna Ra-Evangelium Eghtjeeagh yaghte goewawenaraghkwa. Saddeweyeendough agenigoenra fkeanoc t'hageahagge agwegough tayongenigoerhare ne Ogighhaghfe Kagieok fini'yadotea faniyoh togefke oenwe, ne ayontkaghtho ne Ethoghjih ne finikariehhotea nenahotea finifereah ne wahoeni End'yagawightagh-Kough: neoni ne yegayerie nenenne finenyagoyerea ne iefeah Ethonenyeyere ne Engoewennoghtonyoghfe; neoni ne Kaafhatfteaght neoni ayoghnierough nenenne derontkarearough finiyeyoderighwhinough nenahotea okt'hatejarough agrighwiffough: Aongenigoughraghnierough Neoni yaghtha onkkwenyatough, neoni oghnageange a-ong'yeendane ne finiyewadooktea tewagightaghkough, fadayoghtough ne Karongyage auwighte aggwadonhetft ne aharighhoeni Jefus Kriftus fongwayaner *Amen.*

A Prayer

A Prayer for Effectual Faith.

Ne addereanayent ne wahoeni ayoʒſhatſtegge aondayagawightaghkough.

O Sayadodogeaghtie neoni ſiniyeheinwe Niyoh, nenenne keandearaatne ſerough ne gerighwaghnierat ne yagorighwiyoughſtough ne degawenend-ugh ne dewightaghkough neoni ayondewenaraghkwagge, ne yagaweah oughwage aſſi'yeſte ne Kendearough neoni ayagoghſnieanough, neoni ne aghnageange ayondadd'yerietſte agwegough nenenne ne aeſheſſenoenie ne ayondenigoughkatſtadde ſaweyenagough.

O gien'yough ſiniyeheinwe agenageregge ne negea otſteahrage ; ne ſinaghhe d'yonggeen'youghhaghrodeas ne yonttogaatha kariewa, nenenne ſtaaſhatſteaghſera yaghtea a-ongenigough-rodagough, ne oghwage yagonigoughhroriefk ſiniyerighwaneraktha, jina-ongg'yadodeaghſte ne a ongenigorrheaghteah ſietkanakte ne d'yonowhakte nenahotea yonggerighwayeniefk.

Ne yontſteenyaroughſk nenegea ſiyag'yonhe, ſegough Kagieok ayoriewaragge nenegea youghwhenjade a-ongenigourheghteagh ne kayenda-ugh ne yaghteayawight ayagoughtoonſe, ne ſideyoughtough ayondaddaraggwaghſe agoyadadogeaghtie ne ſideyoughſwathe, ſayodik ieit t'ſeragough agwegouh ne Niyoh Ra-orighwiyoughſtaghk
nenahotea

nenahotea a-onggeeſhatſtadde ſidewagightagh-kough ne Agatſenoeniyataghkwe karongyage. Gien'yough ne te wightaghkough ne ſieſheniha ſatſteenyarough, waſkwaghheghſe ne agono-runghkwe, ayotkonyoughſtough neoni agoewean-araghkwe agathoendatſegge. Ne dewightagh-kough ſiniſs'yadotea agwegouh ſeeſhatſte ſagwen-yaat, aeſkwaghtendiyateagh ie-iet'ſeragough ayot-konyoughſtough neoni ne yontſenoeniyadaghkwa Karongyage yotſanight. Ne dewightaghkough ſiſaderighwagwarighſhough aeſkwaghtendiya-teagh orighwadogeaghtie orighwagwegough ne ſiageſegge: Ne dewightaghkough ſiniyought ne watſterieſtha d'yorighwhanieyonde ſigonhe, ne ſkeanea a-ongenigoughraghſeroeni ne agwegough ſiniwag'yadaweaghſe, ne agarighhoeni ne ayogh-nirougn a-ongwadevenodaghkough neoni ayag-waddouwenodaghkwaate ſiſanigoughrowanea ſa-goeanyoughtſera neoni ne Ereagh agahawighte agwegough ſinadeyoderieanthare ne Oghwhenja yegayeſtha, ne agarighhoeni ayagonigoughkat-ſtegge aſheyadewhenharhooſe ne yaghteayawight aſhenoghſtatſe Karighwhiyoſe a-aghſerr'he ayago-derighwagwarighſhough ne ſi-ayeenſegge, neoni ne ſadd'yeſea Karighwhiyoſe Endeſheiyough en-geahagge enyagwaghhewe addereanayentne neoni Enyagwanega: ne agwegough agwadouweyena agadouweyeendeagh ne ageraghkwagge ne oya ſid'youghwhenjade, Ethonayoughtough tagadogh-hetſte ne nagarighhotea waddooktane, ne waho-eni oghnageeange nenagarighhotea ne ſiniye-heinwe ingeah yaghtha ongwaghtoonſe, ne Rorigh-hoeni Jeſus Kriſtus ſongwayaner, *Amen.*

A Prayer for true Religion.

Ne addereanayent ne wahoeni ne togeſkeoenwe Niyoh Raodeweyena.

SAyanner ne agwegough ſeeſhatſte neoni ſagwenyaat nenenne ne ſarighoenie neoni s'heyawhe ne agwegough sinikarighwhiyoſe. jenthogh Agweriyaghſagough ne agenorunghkwe ſaghſeana, taggeſtaas ne togeſkeoenwe niyoh Raodeweyena, taggenhonthoegh ne Agwegough yoyennereaghtſera, neoni ne wagarighoeni gwanea ſanidaregktſera taggwadouweyeendough ne ſagariewat, ne Rorighhoeni Jeſus Kriſtus ſongwayaner, *Amen.*

A Prayer for true Chriſtian Zeal.

Ne addereanayent newahoeni ne togeſkeoenwe Karighwiyoghſtaghk Agoenwatſteenyarongh.

REndearaſk Niyoh, nenenne taggwawieyaghteageaheiyogſe aggwadonhetſt, tagough ne sinagadd'yere agwegough agadouweyenoenie a-agyeſte ſiegennoghtonyouſk agatſenoeniaetdaghkwe karongyage ne a-ond'yodegge ne Agetſaghnighſegge neoni teyodoghharearough.

L   Ditſwaytheet

Ditſwatheet Aggenigoenra ne wahoeni daakkaghrayeendane ne yorighwanighraggwaghty ſarie waſtagwarighſhough siniegerr'he ne wahoeni ne Addenoſerheah siniyoyennereſe ne Agerighwagg'yoonde, neoni siniyeyoderighwhinough ne yodakſeah ayetſaghnighſegge, neoni gwegough Aagwaddowweyena aeknieraddeagweriyane, Ageriewyyeah ſiſonweſeaghtſera.

Gienyough ſiwagatſteenoarough addereanayent ne Addaghſightoongge ya-awwawwe Ethonoenwe agwogough t'hiyagoskaghthouſk ſkaghtege a-onghhaok yagogeaſk.

Taggwadouweyenoennie agweriyane na agaddadadd'yadagenha newahoeni ne yagadouweyaat ſikeanietkanhoghka-agh, ne agaſkenha ne kaskenhat'ſerieyo ne dewightaghkough, neoni ne wagwegough aggerongge ne yorighwannerrea. Agaghteonde tagough ne tuitkons agaddaddenigoenraragge ne ſinoenwe yeeſthatſte noeni ſiniyonkſweaghſe Karongyage agatſenoeni ; neoni ne geaniyorighwhiſha ſinenwaggyodea, agaddatſteenyaroughſe ne ſinagadd'yerea ne ayoyenneraſtough ſina-ongerea ; neoni ne yaghteyorighwadogea orighwagwegough geantho nongadie ſiniwagenigoughrootea A-ongwadie ne waggenadoenieſk nenegea yoghwhenjade yagawiſkwannie ; ne tagaddaddighkwaſe yodderighwagwarighſheagh ne ſinagadd'd'yerea neoni Agenorunghwe, yodderighwagwarighſhough neoni Agaddeweyeendough ne A-ongwatſeroeni yaghkonthoeghhagge kadoogeahnayoghtough neoni ayorhegatough ne agenigoenra ne wahoenie adaſkatſtoughtſera nenahotea

ſiniſa-

sinisawanenda-ugh ne Enyongwayeendane ne karongyagough, ne wagarighhoenie ne tehondeantsonh Eghjee-agh Jesus Kristus songwayaner.

A Prayer for the Guidance of God's Holy Spirit.

Ne Addereanayent ne wahoeni ne enoyondaddesha-riene ne Niyoh Ronigoughriyoghstough.

O Sayanner ne isege dewightha agwegough karighwieyoose. Ethosenenne yaghtaakkweynie yaghthas'yadaraggie ne aghsenoenwene, tagough Ennidareghtsera ne sayadadyrieghsera kanigoenra ne orighwagwegough agweriyane agoenwatsterieste neoni agoewat deweyenoeni, ne agarrighhoenie Ra-orighwado, geaghtie sagonigaenrat agenoghtonyogh nenahotea ne yoyennereneoni agarighhoeni Raodearaat Raggwadaggwask ok-nesagat ageriette ne agarighhoeni songgwayaner Jesus Kristus, *Amen.*

AS soon as you are dressed in the Morning, kneel down, as our Saviour himself kneeled down at his Prayers: And remember you are in the Presence of God, and say your Prayers with Reverence and Devotion: Say one or two of the Prayers before, and end with the following Thanksgiving and Lord's Prayer.

NE ok Eaghſatſeroeniyaghkonthoeh, teagh-ſadontſoodoagh, ſadeyoghtogh ſinihoyerea karongyage ſongwayadeahawightha Raonghha waathadontſoodeagh newaoadereanaye; neoni Serhek netehakkanere Niyoh neoni ſineaghſadonyough ſadereanyent ne enyotkonyoſtough neoni ſinengayerea; Eaghſierough onſkat netens tiggenie ne oheindough kanadough yondereanayendaghkwa, neoni ſineaghſerighhooktea 'ne Engenne nenegea tigyadaghſoendere yondoghradaghkwa, neoni ne Ra-odereanayent ne Royaner.

※※※※※※※?※※※※※;※※※※※※※

For the Morning.

Ne Orhoengehe Addereanayent.

ONnweſeaghtſera neoni Saddoenraat, O Sayanner, newahoenie agwegough Sanidareghtſerahoogough neoni Sanoenwight ne Waskeriewawaſe. Ne Wahoenie tagyadiſſough yeſayereah neoni Sinis'yadotea, ne Wahoenie Waskwatkannoenyate na Agonorunghkwe neoni a-ongyeendane ne Siniyeheinwe; Enway'yada noeghſtadde ne yotkateſe yodakſeanſa neoni tewadogh-harongge ue yaghtea wagatſte yagweaheiyoghſe ſioknadeyontkaghkwarighſhous; ne wahoeni skeannont t'higonhe, K'henoghkwe neoni yoyennere ſiniyong'yerha, ſiniegeksk neoni Gaghkwatsk neoni agwegough ne teyodoghwhenjohhoegh neoni ſiniwagewaghſe nenegea ſigonhe,

Ok

Ok fughha agwegough, wagadoenreagh laghfeana, ne wahoeni tagwawie Eghjeeagh wahoeni wafhongwaheiyafe ne yorighhoeni aggwerighwanerakfera, neoni wagwarighhoeni agwagough ne Kanigoughrage Ragyadadyrieftough ne raongha Raggegwani, wagoyadadyriefte ne wahoeni yonknegoferhoegh neoni agwegough ne siniyoweyeftoonfe ne Taggwawie ne Wahoeni Agoeyodeaghfe, ne wagarighhoeni agwegough ne faggen'yageanfe ne Karighwannerrea, ne wagwagarighhoeni agwegough yoyennerefe ne siniwagadd'yereah, netens siniwagenoghtonyough, ne wagarighoeni agwegough onkfnieanough ne Kendearough neoni ne wagaddouwenodaghkwateah ne Karongyage.

Wagoyaddyriefte ne Wagarighoenie Tagyadanoeghftadough Keawaghfondadighkwe, ne Wagarighhoenie Wagadd'yadadadde neoni Skeanont T'honggiedawe, ne Wahoeni Tagyaathe ne Sid'yoghfwathe Si oya Wa-orheane, Taggwadouweyeendough neoni Tagyadaddyrieft nenegea Wighniferade, Taggwadouweyeeudough ne fikarighwannerrea neoni Si waghterongge, neoni Yaggeefhatftat ne Agarighhoeni fendearaat Agwegough ethoniyoghtoonfe Agadeweanaraghkwe ne Ethonagadd'yere Ethone Sinenwadderiewine ne ayotkonyoftough neoni Onwefeaghtfera Saghfeanadogeaghti, neoni ne Karonghyage awwighte Aggwadonhetft. O Sayanner, tondaggwathoendats neoni Takfnieanough, Safaghtoont agwegough Siniwagatfwateagh, neoni aghs'yeriete agwegough ne siniwagenhighfe, neoni ne yagonhioeghhadd'efe agwegough d'yagawightaghkoug fongweda, nenahotea taggaradde ne sinikawenoteah Eghjeeagh Ra-onghha Eghtfenorunghkwa, *fongwaniba. Karonghyage tighfideron.*

Ne fagariewat Enyogaraffegga Eaghfadereanaye Eaghfierough onfkat netens tiggeni ne oheindough
nongadie

nongadie yondereanayendaghkwa, sinenyerighooktea ne teggadaghsoendere yondoghradaghkwa neoni ne Raodereanayent ne Royaner.

※※※※※※※※※※※※※※※※※※※※※

For the Evening.

Ne yogareaskha Addereanayent.

SAneandoont, O sayanner, ne Karongyage neoni Oghwhenjage, newahonei Onweseaghtiera neoni Sarkonyost neoni Seeshatstadiesk, ikea Orighwagwegough Sagksough neoni ne Wahoeni Waghsenoenwene Siniyod'yeranyogh neoni Kaweyenenda-ugh,

Ise sanissough ne Karonghyage, ne karonghyage ne karongyagehoogough ne agwegough Siniyeeshatstese, ne Oghwhenja neoni Orighwagwegough ne Siniewat, neoni agwegough sayenawagoug. Onweseaghtiera O Karongyage tighsiderough Raniha, ne wagarighhoeni sinig'yadotea neoni tuitkont taggenawagough, neoni agwegough ne tagyadadyriestha neoni taggweyeghsk nenegea sigonhe, Ok sughha agwegough newahoeni taknereaghshough neoni oni ne agwegough ongwehoogough ne Rorighhoeni songwayaner Jesus Kristus: Neneserough ne waskeroughyeghhare ne attogaatne 'lendearaat neoni tewightaghkough iset'seragongh, ne sanoghwhe-ugh jonggwatdonwedough ne Rorighhoeni sanigoughriyouhhstough, ne askena ne wahoeni seyeagh agadouh, ne wagarighhoeni wa ongena, neoni yagadouweyate sanoeghsadogeaghtiege.

Neoni aongeweyestane ayongesteah ne a-onksnieanea, neoni ayongenhe a-odeweyenagough sinisaddenha-ugh, ayongerighhowanaghtea ne togeskeoenwe neoni yaghotheinough teya-orea ne Karighwiyoghstaghk

ſtaghk Niyoh Raodeweyena, neoni ne kawenendaugh ne siniyaheinwe Enyagonhenyongge : Yoneandoont ſaghſeana.

Wagoyadaddyrieſte neoni wagoneandoough O ſayanner, ne wahoeni yongyadanoeghſtadough neoni oyadaddyrieghtſera ne keanwighniſeradıgkwe. Tondaggerighwiyoghſtough agwegough siniwagerighwonnerrea nenegea wighniſeradighkwe siniwagad'yerea netens anoghtonyoght'ſeragough, siniwagadadie netens siniwayadd'yerea.

Ethonoenwe ſendearaatne ſanidareſkough neoni waſkwenoenna wagorighwayehaghſe neoni agwegough siniekhenoghkwe, neoni teyagwaddaddenoghkwe nenegea waghſoende.

Sayaner ſaddouweyeendough ſatkanoenyatt ne aongiedawe, newahoeni nenenyorhane agatketſkoegh ſughha ayotkanoniehagge neoni aekkwynie agoyodeaghſe, newahoeni *Jeſus Kriſtus* t'harerr'he raonghhat'ſeragough oyadedyrieghtſera Raoghſeana neoni sinihawenoteah ſughha wagoroughyeghare, Kadough, *ſonggwaniha*, &c.

A Prayer

A Prayer for the right Use of the Means of Grace, which may be said with some of the other Prayers on the Sabbath Day.

Ne Addereanayent ne wahoeni Ayottaggwarigh-sheagh ayoonde ne siniyoderighwhinough ne Kendearough.

Nenahotea ayondoghhekke ne Oddiage ne tayerigh wanhoenderre ne Addereanayent A ondadogeaghtough.

TAgough O Sayanner, na Aongenigonghraghnierough A org'yodegge ne Karighhowanaghtough karighwdadough ne farighwadogeaghtie karighwiyoghftaghk; Ne yaghteanoweandough A ongwadohetftafe ne sinikayerea nenahotea farighwaghniradough ne wahoeni ne aganoghharete yodekfea ugh aggenigonra neoni ne wahoeni ne ayottaggwarighsheagh sinikeyerea agwegough nenahotea fewadderighwadewaghtough agonifsa-agh neoni ayotkannoeniehagge Agenigoenra; ne t'hohagh agaghkwiede ifege ne a-ongwaddenigoughradouweyeendongge neoni agadehoeghfadadde, laweana agathoendadde ne Ayotkonyoftough neoni Agenoeghtonyoghle, farighwadogeaghtie degarighwagighhadoont agyadarafegge ne taongwightagkough, Agaddoenreagh neoni Agenorunkwe; ne ne wagarighhoeni nenegea waddenhaugh ne fenha-ugh agoewaghtaghtough aggwadonhetft, ne agwegough yoyennereaghtfera, neoni Ethonayoghtogh ne agatferoeni-aghkhonthoofe ne wahoeni
karong-

karongyage a-agighte nenahotea ne Rayadadyrieght-
sera *Jesus* yehoggweagh newahoenie kayennereaght-
seragough Agaghteandie, neoni taongwightaghkough
neoni katlaghnighsera ne sagoyadoghronggweagh ni-
yoh ne Rorighhoenie ok ne sahayadat *Jesus Christus
Songwayaner*. Amen.

A Prayer to be used on the Lord's Day.

Ne yondereanayendaghkwa aondadogeaghtough.

OKtiwagwegough Raeshatste Niyoh neoni siniye-
heinwe Raniha ne taggwayadissough neoni tagg-
wahnereaghshough, ne Skweani agwayodeaghse, ne-
oni Ethoniyought taggwarihoenyeni sinayoughtough
agwayodeaghse, ne aoendough ne addereanayent ne-
oni ayoondoonreagh niyadewighniserage kanoghsa-
gough. Ethone niyoughtough negeawighniserade, ne
oya sinenyeyerea enyerighhowanoghte sanoghsagough
ne siyagotkeanissough songweda' neoni siyonggwanog-
hsadogh addaghsightoonggeagh, neoni addarisheagh-
seradogeaghti agwariwawaase, neoni ayagwaghtkawe
oktiwagwegough yagwarighwaneraakta neoni siokna-
yagwaddiyerea Ongwayodeaghsera, ne wahoeni sini-
kayodeahserootea aghsadagongh, ok sinayoughtough
onegwayodeaghsera, ne agwegough enyagwatsteeny-
aroonse onggwadonhetst neoni agwayeroongge ne
ayagwathagge, ne onweseaghtsera ne saghsanadoogi-
ghti, ikea ne siweande keawighniserade sanissough,
neoni taggwoenni ne ayagwelegge siweande, neoni
nenegea wighniserade onggwayadaderightsera Eght-
jeenisotketskweagh nisiraweheiyoughne karongyage
sagoyadeahawightha ne wahoeni ne ayonggwarihoeni,
M   sinayoughtogh

finayoughtogh tuitkought ne agwagh ne keawighniferade aonfayagwatketfhoegh, neoni ifheayonggwaadi ne kayodeaghferagwegough ne aghfadagough; O Kayaner wagoeyeniteaghteah, Skefhatftadde, ne fao-Sabbath a-onggwendaddageafhtoghhagge, finiyought taggweani nefioenna enyonktenfte fiyeaghfietfkwaraggi, ne ayonggweaghhaghfe, yoyennerre finifaddiyerhaghkwe neoni fatfteenyaroughkwe gonhaefſeyehaafegh Raweanigough ne faddorifheagh, yaghtha-ondoktea, O Sayaner ne fenonwene ue aggenigoenra aghfkaeanyou daaghfighkwe, ne wahoeni aekkaeanyo, neoni agenderhaane ne yorighwanighraggwehtenyough fariewa; neoni ok oni oya a-ongwadeyendaragge nenegeangage fariwa yagta wadderighwaddenyefe, ne t'jadak niwighniferage onfkatkaadi feawaniyo ayefayodeaghfeghhegge, neoni faniwa neoni faneana wakhogadooendea finadengadeeghhahaghkwagge, neoni taonkfwathede fiwakhaade, newahoeni afkoenwefaghte ne kayanertferagough fideyoughswathe ne oghnageange ne wahoeni teyodeanfoah nenenne teyodderoeronde oj'iftok nene togefkeoenwe tehoghfwathe *Jefus Kriftus*, nenenne neoni Ronigoughriyoughftough oktiwagweyough oenwefeaghtfera, yotkonnieft finiyeheinwe, *Amen.*

A Prayer for the right Ufe of the holy Sacrament.

Ne Addereonayent newahoeni ayottaggwarighfheagh ne Orighwadogeahti deoarighwagiphhadoont ne Ayeyadarane.

SAonwefeaghtfera ife, O tegoenwayadaanhare finifenorunghkwa, nenanne faghnageange yogarafkha Gagough ne Orighwadogeaghti degarighwagighadoont

doont neoni Waddeanyodde ne addadenorunkſaddenha-ugh newahoeni ne tuitkont agoenwighyaghraghkwagge ne Roddaddewendightough ſaghheiyatt, O ſayadadyrieugh Jeſus, neoni ne Ethod'yawenoghtough ne yoyennereſe ne garighhoeniſk yongwayeendaſe, ne ſanoghwhe-ugh nenegea orighwadogeaghtie neoni yotſanight ſa-oyeratne ſaddenha-ugh ; Agwegough ayenorunghkwe, Agwegough ſonweſeaghtſera iſege.

Hoo, jadanarungh Sayanner, yagh-Eſotege tiſhattoogaſk ne siniſſenorunghkwa waſkweaghheiyaſe, nenenne yaghteayawight Ayagonigourheagh. Ongiedeaghthene ne noweandough ne yagorighwanerakſkough Ahoewanigourheagh Karonghyage ſagoyadeahawightha ! neoni ſegoughnenne yonhadeant ; ne yongwarhegateaniſk ne Ethonaond'yere.

Saonweſeaghtſera iſe O Rendearaſk *Jeſus*; nenenne waſkwighyaghraghkweagh ne aſkwagsnieanea, neoni ſannorunghk ongwadonhetſtt'ſeragough aſkwarighwaddaghſe, ne orighwadogeaghti Sakrament ſarighwadadough neoni tagwanha-ugh geangaye Ethonayagwadd'yere ayeſeghyaghraghkweaniethagge.

Gienyogh ne tegarighwaſeraggough ſaddaddewendightouh ſegheiyough, nenahotea Saddaddewendightough ne ſidekayaghſonde ne wagarighhoeni Aorighwanerakſera ne Oghwhenjagwegough, neoni waddogeaghjeeghhoegh newahoeni Aggerighwanerakſeta, tuitkont Aſe a-ondoghſegge aggenoghtonyought'ſeragough.

O Sayadadyrieugh Karongyage S'heyadeahawightha gienyongh ne Kaaſhatſteaghtjeeghhoeg karongyage yeghtha ſannorunghk ne wahoeni taggwayodeaghſiſk, yaghteanoweandongh t'hayonigourheah aggenigoenra, Ok kaddogeahniyoghtoghhak Gienyough Agoyenoghtonyeghſe ne orighwadogeahtie t'ſeragough Sakrament tuitkont ayonheghjeeghhoegh neoni ayooſhat ſtadd'yeagh, O *Jeſus!* Engeahagge togeſkeonwe Engoenoruhghgoenorunghkwagge tuitkont eng'yadarafegge fide fatsweangaraghhere, newahoeni yotkate Wagenoghtonyoghfe agwegough ne yoneghraggwaghtfannorunghk ne tehonwayadaanhare Raknereaghfhough.

Wagaderieandare, O Agyanner neoni aggeniyoh, ne ok waonoghtonyough yaghteyefayeriediefk, O snierat ne Engarighhoeni Ethonayoghtogh agoeyenoghtonyoghfe siniyoght yotkanoenie ne yaganighharane yaghteyeyodookte addaddenorungh ne agenoghtonyoghhegge : tagyodeaghs agwegough nenenne Orighwadogeagh-it neoni karongyage d'yoderighwineghtough nenahotea yegayerie ne ahoewenoghtonyoghfe ne tehonwayadaanhare Karongyage faggoyadeahawightha : Neoni faddouweyeendough Ethonayoghtogh agweriyane wahoeni ag'yadarane ifege Edelatfweangaradogeahftough, newahoeni agattogaghfe agwegough ne siniyawiggoenfe wagadd'yeanifk ne sidehonwayadaanhare fagonorunghkwa ne yagoofhatftadiefk neoni goenwad'yadadadie agwadonhetft ; fadeyought aggerongge Kanadarokne yegayea neoni oneaharadafeghhoontieraggerie.

O Ronidarefkough *JESUS*; gienyogh ne yaghteageaheiyoghse yagoghtaghtha nenahotea orighwadogeagtiet'feragough Sakrament tagyadaraggweagh, ieietferagough yaghteawagyadaghnierough neoni yonigoughkeaheiyough Aggwadonhetft Agoenwatfaanhoegh, Afe-ageenwayefteagh ne Kendearough, Afe fiagonhegge, Afe agenorunghkwagge, Afe ageefhatftegge, neoni ofe a-onfagadonfhaganoenie, ne wahoeni yaghtea noweandough fughha taongerad'yeghtough netens yaghthag'yadaghniroehagge, netens aekhetkeaghtjee sina-ongerea, Amen, *Sayanner JESUS*, Amen.

Pfalm

Pfalm 1.

1. YOyennere ne rodaſtkats ne yaghtea haghtentiele Kahaghſeragoon, ne radighſirohaſe, ſegough ayedaage Oghhahaigh radirighwannerakhon, ſegough ayetſkodagge ſiradigonnadaghkwahoon.

2. Ikeh akwah ne ranorunkkwa ne Kayaner raoriwagough, neoni ranoghtonn'yusk raoriwa ighneſerage, neoni aghſundage.

3. Neſane raonha yengeahagge siniyught Karondio kayenthogh kaghnowaktahogough, nene raohighk ſaghgowiſk siniwadoniſſask, neoni nenahotea ne yaghtea kaneraghtaenſe, neoni agwegough sinihoyode ne rodaſtkats.

4. Yaghtea etho tighhaddiyadodegh Tadighſerohaˏe; iketa siniyught oghſewaghtſera ne kahawieſe ſiyaodaddieſe.

5. Ne wahooni raddiyadeanſere radighſerohaſe Niyoh raoghhaghſeragough, ne ſegough ne yagorighwannerakskhogough warighwiyughſton.

6. Ikea ne Royaner rayenderi ne siniyeheinyeſe ne ronnaderighwagwerighſhunk; Ok ne radighſerohanſe ſiniyehoonneſe.

Pfalm 15.

Theharigewahkkwaatha David.

1. SAyaner, onkka onweſegge ſanoghſadogeaghtige ſeragough, onkka enyenaggeregge onondoghharage ſarighwadogeghſera.

2. Nene

2. Nene d'yagorighgwayeriyeyeenſe, neoni kayadeghſerakwarighſhugh, ne raweriaghſagough tharighwayerids ne otheinooni waondadi.

3. Nene raonaghſakſke ne yaghthheſhagorigh wanoſkwatha, neoni yaghthodſerohadaennihe ne yeneſe, neoni addadkeanron ne tahoghkwaſe ſaghniyadad.

4. Ne raogaghtege kageghroonnihe he yeghſerohaenſe, ok ne ſagoniyugſtha Nenegea ronwatſanighſe ne Royaner nene yughniron ronwannonda-ugh ne ahadkaroni ethone yaghtea Oyatenſhaayerane.

5. Ne yaghteſhagowiſk raogwiſta eſo aonſoendonde, ſegough yaghteayeyenaſk addaddawi neneyaghtea hadſerohatenh nenegea eghniyondyerhagge yaghthathehodoghharaghrone siniyeheinwe.

Pſalm 32.

Tharighwaghkwaatha ne David.

1. ROdaskats naah ne onkka agorighwakſe ſayandadderighwiyughſton ne onkka yagorighwannerre kaarhoron.

2. Yagodaskats Naah ne ongwe nene kayaner, nene karighwannerre yaghtea haghrathe; neoni onkka agoonnigoonragough yaghtea waddaddenigorhadeani naah.

3. Ethoghke okthadowagadode ongayone akſtiegh wagoohſenthe ne kaondaddi.

4. Ikea

4. Ikea fanentfakfte wankaondagi, neoni aghfontha-ugh, neoni aggenauawe oyanaawane onftathegh.

5. Aggerighwannerakfera wagorighhowanaghtea, neoni aggeri wakfungtfera, neoni yaghtea geerhoroks wagiron eneengonyaghneghfera aggerighwannerakfera ne kayaner, neoni erenwafhawighte nekarighwakffungtfere aggerighwannerre.

6. Ne wahooni fadeyagoyadadogeaghti yefanideghtafere ne ayefayadadfaenri etho enyoghnadightonghagge nekaghnekowane ranoghha yaghtea oni teahowagenaghfere.

7. Ife fkyadaghfeghtong Naah ife taghkenoghne ne tewaddoghkaraghronge, ife wadifkwadafe ne yoranawifkwaet ne addaddinhe.

8. Gonnadonnire Neoni engorighhooni ne nohaha siniyehengfe engayawiheghtfere sineyawan akkaghtege ifege naah.

9. Togkfa eghni fyadodeghhak siniyught yayoghfadafk siniyught addinadi nenahotea, ne yaghtea konttuikha nene wagon wadighfterongte konddigkfene fiyodirighftanhonde, neoni wahooni agothehont enyefayerane.

10. Ne yagorighwannerakfkon Efo yagoreronwakhon, ok ne kayanertferage waondowenodaghkwe ne tenhaghwadafe ne kayanertfera.

11. Saifenoonnighhek ne kayanertferagough, neoni faddonharak fewaderighwakwarighfi, Neoni teghferiwak ne yonwefegh fewagwegough fewadderiogh fakwarighfhugh.

Genefis

Genesis Chap. 1.

1. A Daghtsawaghtseragough Raonissough Niyoh, ne karonnia neoni ne oghwhenja.

2. Neoni oghwhenja karhagough geghne, neoni oriwagough, neoni oghwenjage aghsadagongtsera naah, neoni ne Ronigoghriyoughstongh Niyohtio-awwe oghnegage.

3. Neoni Niyoh wahaenrough waengehak, neoni weande oondon.

4. Neoni Niyoh wahadkaghthone waende ne Naah yoyannere, neoni Niyoh waedhakhasi ne weande ne diogeraask.

5. Neoni Niyoh wahanadough ne waende igniserah, neoni aghsadagonghtsera wahanadough aghsonthea ethone diagaɹaskwe neoni yorheanskwe ne naah tiyoddighniseradireghton.

6. Neoni Niyoh wahaenron karooniaradik naah ne sadowaghsane oghnegahogough, neoni ne waedhakhaghsi ne dy'ogeagh oghnega neoni oghnega.

7. Neoni Niyoh waghronissa ne karoonia neoni waedhakhaghsi dyogeagh oghnegahogough, ne nagontkayeen sidkaronghyade, neoni dyogeagh oghnegahogough nene enigeah ne karonghyade neoni eghniyugh naah.

8. Neoni niyoh wahanadough ne karoonia karonghyage ethogh ke diyogeraskwe neoni yerhanskwe ne naah ne dewighniseragighhadont.

9. Neon

9. Neoni Niyoh wahaenron nene oghnega hogough nagough nakaronghyage konwadkani saghtani, neoni ne agonwatkaghtno oghstatheng ske, neoni eghniyught naah.

10. Neoni Niyoh wahanadouhg ne yoghstathe oghwhenja, neoni ne warkanissough ni oghnega hogough wahanadough hanyadare, neoni niyoh wahatkaghtho yoyennere naah.

11. Neoni Niyoh wahaenron, nene oghwhenja seghyaron oghhoonde onwerakte neoni waghyenyontha karondahogoogh, kanyontha niyedewayagge ne nekanneahote oghwhenjage, neoni eghniyught Naah.

12. Neoni ne oghwhenja waaweghharon oghhoonde neoni kaneghkwadserio yeyenthoghtha kanea, sinikannehotea neoni waghyonnyontha karoondahogoogh nenahotea kanea etho iwa sinikaghhondote, neoni Niyoh wahadkagtho ne yoyennere naah.

13. Ethohhke diyogeraskwe, neoni ne yorhaenskwe ne asseniwighniseraghadont.

14. Neoni Niyoh wahaenron, waendegeahak karonniyaetseragough ne karonghyage wahooni tayekhaghsi ne dy'ogeagh ne eghnisera, neoni dyogegh ne aghsonthane, nenegea naah onwaddeenyendeghsta enwaddaghhitste neoni ne oghniserahogough neoni ne oghserahogough.

15. Neoni ne naah aowaendegh ne karoonia tiseragough ne karonghyage, wahooni waende agoyon oghwhenjage, neoni eghniyught naah.

16. Neoni Niyoh waghronissa nene dejareagh wendeghtseserowaennegh ne taggaghsnige ne ighnisera-

niferahogough neoni kaniwaendeghtfera ne tagaghfnige oghfontheyne : oni raoniffoungh ojitak hogough.

17. Neoni Niyoh waharaneandakta ne karoonia tiferagough ne karonghyage wahooni agoonwawaendeghferon ne oghwhenjage.

18. Neoni wahooni keanogayere eghniferage, neoni oghfontheane, neoni ne wahooni dagakhaghfhoughfegge ne siweande, neoni aghfadagooghfera, neoni Niyoh wahadkaghtho, yoyennere naah.

19. Neoni diyogarafkwe, neoni yorheanske ne kayeri niwighnifaragighhadont.

20. Neoni Niyoh waheanrough, ne aghnegahogough ayaywighyarough efojee ne kanoonheghtjeeghogh neoni t'jeed'yogoo-agh kondidiyefea ne oghwhenjage, nanough nekaroonia t'feragough ne karongyage.

21. Neoni Niyoh waghroniffa negenfiwaneaghfe, neon agwegough kanoonheghtjeeghogh konefe sinikondiyadoodeanfegh, neoni agwegough fideaogooagh kondiddiyefe sinikondiyadoodeanfe, neoni Niyoh wahatkaghtho ne yoyennere Naah.

22. Neoni Niyoh wahayadadyrifte, wahaenrough, fewighyarough, neoni watkadat oghnegage, kanyadaragogh, neoni t'jeedy'yogooagh wagontkadatde oghwenjage.

23. Ethone diyogarafkwe neoni yorheanfkwe ne whifk niwighniferagighhadont.

24. Neoni Niyoh waheanrough, ne oghwhenja yawighyarough kononhegktjeehogh sinikondiyadodeanfeh, katfeneagh neoni kandeferefe, neoni
karyough

karyough ne oghwhenjage sinikondiyadodeanſeh, neoni ehoneyawea.

25. Neoni niyoh waghroniſſa karhagough gooneſe karyough sinikondiyadodeanſeh, neoni katſenough sinikandiyadodeanſeh, neoni agwegough kondeſere oghwhenjage sinikondiyadodeanſeh, neoni Niyoh wahatkaghtho, yoyennere.

26. Neoni Niyoh waheanrough, giniyough diyongwedooni, entjonkhiyereahagge, neoni enyoniyohagge ne kenjeehogough ne ganyadarage, neoni nejidegooagh ne katſeneagh, neoni oghwhenjagwegough kondeſereſe.

27. Neoni Niyoh waſſagoyadiſſaagh ongwe ſonwayereagh, sinihayadoteagh Niyoh waghhoyadiſſaagh, Kajin neoni Rone waſſagoyadiſſaagh.

28. Neoni Niyoh waſhagoyadaddyriſte, neoni Niyoh waſhagaweaghhagſe, yotſiyeghyarough, neoni ſeyatkaadat oghweniage, neoni enſeniweniyohagge ne kenjeeghhogongh ne kanyadaragegh, neoni jideogooagh ne ſikaronghyage neoni agwegough konderiyooghwhenjiage kondeſereſe.

29. Neoni Niyoh waheanrough, t'jatkaghtho agwegough gywawi yeyenthoghtha ſinikanaggere oghwenjagwegongh karondahogough yeyenthoghtha enwagh ewagh yanyondeagh enſenegge.

30. Ok agwegough kondiriyo oghwhenjage, neoni agwegough ſideogooaoh ne ſikaronghyage, neoni agwegough konderiyo kondeſereſe oghwhenjage nenegononheghtjeeght gh K'henondeah oneggeri agoonnekſegge neoni ethonayawea.

31. Neoni Niyoh wahatkaghtho agwegough ſiniha-oniſhogh, neoni ſadkaghtho, yoyennereaght-

reaghtjeehogh, ethone diyogaraſkwe, neoni yorheanſkwe ne yayak niwighniſeragighhadont.

Geneſis 2. Chapter.

1. EThone kanweyenonda-ugh ne karonghyagehogough, neoni ne oghwhenja, neoni agwegough siniyodyeranyough.

2. Neoni onwa niyehonoriſheagh Niyoh Raoyodeaghſera ne sinhaoniſhough, yehodoriſheagh ne jadakhadont Niyoda agwegough sinihoyodeaghſerough sinihaoniſſough.

3. Neoni Niyoh tijadak niwighniſeragighhadont-Raweadadogeaghſtough neoni rawendaderiſtough, ne wahooni eghniye hodoriſheagh agwegough sinihoyodeaghſerough, nenahotea Niyoh sinihaoniſſough ne wahooni ahaweyenandaghte.

4. Nene geangayeah yonadooni ne karonghyage, neoni ne oghwhenja, ethone ſahaghía, neſiwighniſerayeah nene Royaner Niyoh ſighroonni ne oghwhenja, neoni ne karognhyage.

5. Neoni arreko utheinough siyoniyoagh oghwhenjage, neoni agwegough arreko ſiyonyogh aghoonde kahendaage: Ikea arreko ne Royaner niyoh ſihogeanareghtong ne oghwhenjage.

6. Ok yot-ſaddayenthogh oghwhenjage neoni oghwhenjagwegoug wagananawogſte.

7. Neoni ne Royaner Niyoh ſagoyadoniyadough ongwe ogeara ne oghwhenja, neoni ſidehaniyongaronde eghyeghhorandadough ne ſiradowriyeghtha ne adonhetſt, eghkaddina-awa yonhe-oonwe ongwe agodonhetſt.

8. Oni ne Royaner Niyoh royenthogh Edenſeragough,

ough, sietkoraghwinnigeanse nongadi neoni etho ashagodeaghste ne ongwe, ne sagoyadissough.

9. Neoni ne Royaner Niyoh oktiwagwogough ka-onda-hogough rawighyarough oghwhenjage, ka-osha-ugh sideyekanere, neoni yoyennere ne wa-egge, eoni ne yorondonhe sadewaghseaneagh siroyent-ogh, neoni ne karoonda yeyenderhastiha ne yoyenere neoni ne yodaksseagh.

10. Neoni kaighhoghadadi etho diyoyeghtagh-ough Eden nenegea sigayenthogh a-ondeweyean-ongh neoni etho kayeri nadeyo-ighhogea.

11. Ne a-oghseana ne diyodiyereghtough ka-yghh-oghhadaddi Pison; nenegea oktiyowanjagwegough righnodonghkwa Havilah sikaghwisto ajeenigwar.

12. Neoni nesidonghwhenjade kaghwisto yoyenere, kanaggere oni Bdelliam neoni onyxstone.

13. Neoni nea-oghseana ne tiggenihadont kaigh-ooghhadaddyjeegh Gihon, nenegea oktioghwhen-agwegough oktihadegoghkwadasedough Ethiopia.

14. Neoni a-oghseana ne aghseaghhadont haigh-ooghhaddaddeagh Hiddekel, nenegea siyeyodihogh-inough sietkaraghkwinegeanse noongadi Assyria, ne-ni ne Kayerighhadont Kaighhooghhadaddeagh Eu-hartes.

15. Neoni ne Royaner niyoh wahoyadeaghhawe ngwe neoni wahodeaghste ne sikayenthoogh Eden ienne ahatsteriste neoni nenenne eaghhodeweyeen-longge.

16. Neoni ne Royaner niyoh waghsagawaghhaghse ie ongwe, wahaenrough nanegea siniwakayent-hogh karoonda enssanegge.

17. Ok nene karoonda ne yeyenderhastha ne yo-rennere, neoni ne yodaksea, yagh-nenne Tensenekhe; kea ne Enwighniserayeendagge, nenenne eaghsegge vaghsighheye.

18. Neoni ne Royaner Niyoh wahaenrough yagh-tea

tea yoyennere ne aga-onghha-ah ne ongwe, eaghh yonifaaghfe ne horkanoonnyatea.

19. Neoni ne Royaner Niyoh Roughfangh agwe gough ne konderio oghwhenjagwegoug roraggweagh neoni agwegough fideaogoo-ah fikaronghyage, neor Adamne wagkfhagoyaethewe, ne wahooni ahat-kagh tho sineahanadonghkwe, neoni Sineahanagough, A dam agwegough sinigonoonhe Eaghhanadaughwe, n engoowayats-fegge.

20. Neoni Adam onearanadough kakfeanea, neon ne t'jeedeaogoo-ah ne fitkaronghyage, neoni agwe gough konderiyo ne eghtaage goonnefe, ok ne Adam yaghtea hotferiyogh ahoonwawafe yenanoonyatough ne ahoonwaghfnynough.

21. Ethoghke ne Royaner ne Niyoh wahaddawagh te, ne Kafereghtowane ne Adam, neoni wahodaw neoni Wahoghtighkaradaghwegh neoni Saghhanoon dighke fidhodaghkon awaronarate.

22. Neoni ne Royaner niyoh wafhagoyadoni-at agoonheghti ne oghtighkarra ne Adamne thaddogh kon, neoni raonhage wahahayaethewe.

23. Ethoghke Adam wahaenrough nenegea naah ne onwaokfti ne akftiyendage, dawighte, neoni n awarea akgewaghrone dawighte, ne Konwanadone n Rone, wahooni d'yoeghtaghkon Kadfinadagon naah

24. Ne wahooni iagoyadond'yefere ne Rajin n Raniha neoni Raniftehha, neoni ne tighnidero teyoghnirha, neoni fhagawarad enhyadon wadough fere.

25. Neoni ne niadofkough naah ne Adam, neon ne Rone neoni yaghtea hiadeghhenghfe.

Genesis Chap. 3.

1. NE Oniyare onwa nikanigorhaatha yogonyough ne agwegough Konderiyo ne Konendage konese nenahotea ne Royaner Niyoh Ronighaghkwe, neoni Wa-aweaghhaghsie ne agonheghti, raweageagh oni Niyoh, yaghtea esewagge agwegough Karoonda ne kahendagegh?

2. Neoni ne Agonheghti wagagweaghhaghse ne oniyare Waghyaniyondough ne Karonda-o-gough yagwakheghsere nenegea Kayenthogh.

3. Okne Waghyaniyondough Kaghhentheagh nekerhide Rodaadi Niyoh nenegea yaghtea esewagge segough yaghthashena, ne wahooni yaghtha siniheyoughsere.

4. Ethoghke oniyare wayaweaghhaghse ne agonheghti, yaghthadasenighheye.

5. Ok Niyoh Roderi-eandare, Neneanwightiseradegge nenegea eaghsegge Teyesaghkwarighstoughhe, neoni etho Neaghsiddootdeaghhagge siniyught Niyoh eaghshenderihagge ne yoyennere neoni yodakseagh.

6. Neoni ne agoonheghti onkaghtho ne Karondio kwhiyo, neoni ne yonoonwight sikoowatkaghtusks etho nenekaronda ne yonoshaet wahooni ayago nigoughrawanahte, neoni Waganyendaagough Kaghhik, neoni onge, neoni Wahawea oni tighnide, rough neoni Waragge.

7. Ethoghke tejarongh wathoonwadikaghkwarighshough, neoni wahaddidogeaghse, ne Roddiyadoskogh, neoni waghyadekharoonni.

8. Neoni waghhoonwawenarongge ne Royaner Niyoh irese kahendaage sikayenthoghne sid'ya-ode ne eghtnieerage,

eghtniferage, Ethoghke wahadaghfighte Adam neo ne Rone fithagoghfonde ne Royaner Niyoh nek hentheagh fiyodderondooni kayenthogh.

9. Neoni ne Royaner Niyoh waharonghyeghha *Adam*, neoni wahaweaghhagfe kadeghfiderough.

10. Neoni wahaenrongh wagoowenarongge kag] hendage fikayenthoogh, neoni wakteroonfe: Ik(agyadofkonk ne wahoni wagadoghfeghtong.

11. Neoni wahaenrongh onkka faghrori, ne fay dofkogh? Sagoogeagh ne karoonda nenahotea k(yaghtyawearaadi, ne yaghttagfegge?

12. Neoni wahaenrough *Adam* ne Agonheghti, r taggwawi ne wagawi karoonda, neoni wagegougl

13. Neoni ne Royaner Niyoh waghreaghhaghfe r agoonheghti oghnenahotea geangaiye finifaddye haghwe? Neoni ne Agoonheghti Wagearough, ne on yare wagenigorhadeani, neoni wagegough.

14. Neoni ne Royaner Niyoh waghreaghhagfe n Oniyare, ne wahooni sinaghfaddyeri, ne ife teaghfa donhagayaghtjee yadeanfhegeani agwegongh katfea na siniyought-agwegough konderio ne kahendage fhongh sinikwaendakfke eaghfaghteandiyathagge, ne oni oghwhenja eaghfekfegge sinewighniferage eagh fonhegge.

15. Neoni khedeaftaane tenjadatfweagh, neoni ne negea Agoonheghti, neoni Tefeninihogeaghfaane neoni kininihogeagh kanea, ne fagatteanfanoonfi taghrightea, neoni teghtferadaghrightane.

16. Ne wahaweaghaghfe Agoonheghti, eangoo yatkadatfe nene afanooghwakte, eaghfadowedonyogl Seyeogoo-ah, neoni fidefeniderough fanofhagfera, ne oni eaghhaweniyohagge ne ife.

17. Neoni wahaweaghhagfe *Adam* nengea fathon daadough siniyoweanodea-ugh defeniderongh neon ne agayea haroonda fagough nenegea googhyaghti yawearadighne waageagh toghfa nena-aghfegge, ne

gad

gadi wahooni ne aghwhenja yesewaghserihooni wanodaksеаne, neoni eaghleronghyageaghti ne neaghsegge eghniseragwegough siniyeheinwe eaghtonhegge.

18. Oni enyawighyarough oghhiikta, neoni orhheskoowagh, neoni eaghseklegge ne yoddeneggerooni oghwhenjage.

19. Eaghsadarehean-ugh siskoughsonde eaghsenadaraksegge siniyeheinwe, oghwhenja eanseghsadough ne wahooni etho yesaraggweagh; Ikea ogeara ne ise neoni ogeara eseghsaadough.

20. Ethone wahanadough *Adam* ne oghseana Rone Eve, ne wahooni a-onghha ongwenisteahha agwegough siniyagyonhe.

21. Neoni ne Royaner Niyoh washaga-onissa-aghse *Adam*, neoni Rone addiyawiet oghnageaghsa, neoni washagoraghse.

22. Et-hoghke ne Royaner Niyoh wahaenrongh sadkaghtho ne ongwe siniyawea-ugh i-i, yeyenderi ne yoyennere neoni yodaksea, nenonwa yaghthahonentsadadongh neoni oyeyeanna ne yorondonhe, neoni siniyeheinwe ayagyonhegge.

23. Et-hogadiniyongh wahoyadinigeaghwe ne Royaner Niyoh siet-kayenthoogh ne Eden ne wahooni ne aghrongwhenjooni siethoonwaraggweagh.

24. Neoni washagoyadinigeaghwe ne ongwe, neoni washagorihonthaghse Cherubims, sinoonwe ne karaghkwninnigeanse ne sikayenthoogh Eden, neoni ne yodonghkodde asharregoo, ne yonostaddiyese, ne wahooni a-ondeweyeandongh ne yothaghhineghtongh sidiyorondonhe.

Matt. Chap. 1.

18. NE rodooniyat Jesus Christus naah. Siniyught, nesane ne ronisteghha Maria ne rodirigh-

dirighwiffon ne Jofeph. Arekkofihodinyagough waganeroonhe taghyayentaghkwe Ronigoghriyoghftough.

19. Jofeph aonghha rhone roderighwagwarighfheah naah, neoni yaghterehre agarighhowanha agoni adehengfera, agwagh irerhe fkenaah nigy'adoondi.

20. Neoni eghniyught nenegea rarooghtonniyoft fadkaghtho ne raoronghyageronon ne Royaner wahodd'odadadife raoforaghtagoughgwaakgeanron Jofeph royeeah David toghfaok teladoghharearon Maria teghfeniderongh taedfyaderanege, ikea nenahotea aonghhaferagough yeyadat ne Ronigoghriyoghftoughne d'yoyetaghkough.

21. Neoni aongha wadewedoghfere fayadat ronwaye, et fenadoghfere raoghfeana Jefus: Ikea raongha enfagoyadaggough raongweda sinyagorighwannerre.

22. Neoni geangaiye ne agwegough ethoniawaongh ne wahooni yagayerighfere nenahotea Royaner rodadighne ne Propheetne wahaenrough.

23. Sadkaghtho yaghtea ne kanaghwayenderi kaneroughfere, Neoni fayadat Ronwaye wadewedone, neoni eghtfenadoghne raoghfeana Emmanuel, Nenahotea dekawwandennyyon Niyoh idewele.

24. Jofeph ethone wahonwayeghte firodafk, eghnahayerre siniyuyht Raoronghyageronunh Royaner rawani, neoni tighniderough wadhiaderanege.

25. Neoni ne yaghte tifhagoyenderha-ongh sinaghhe kanigyen aongha T'yoddyereghton rodooni Ronwaye Ondowwedough, neoni wahoyefe raoghfeana Jefus.

Matthew Chap. 2.

1. ET-hoghke onwa Jesus ona sihodooni ne Bethlehem-Seragough ne Judea, eghniserahogoonseragough ne raghsanowaneagh Herodes, sadkaghtho od'yage roddinigoghrowanasse siddraraghkwinnegese taghhaddiyetaghkwe ne Jerusalem wahadiwe.

2. Wahaenrough, kaghha naah nihodoni waghsanowanegh Judea, Ikea yagawatkoghthoskwe raodsistck sidkaraghkwinnegese seragough, neoni waaggwawe ne wahooni ashaggwennighteaghtase.

3. Ne Raghsanowanegh Herodes onwa onerodhondeght waedhadoghharaenron, neoni radigwegough Jerusalemne.

4. Neoni agwegough washagoodkanissaaghte ne ronwannenageraghton sagoderighhonyeni, neoni radighyadoghserayenderise ne ongwehogough waerighwanaondon raonghha sinoonwe Nihadonyane ne Christus.

5. Neoni wahoonwaghhaghse raonghhage ne Bethelem Judea seragough; Ikea egnniyught kaghyadon ne Prophetne.

6. Neoni ise Bethlehem oghwenja Juda yaghkaenteehsatese watyeston raddikowaneghse Juda. Ikea iseke thahayentaghkwane ensagoghsarine ne ayongweda Israel sayorihhonyennire.

7. Ethoghke Herodes ne roddinigoghrwanesse Skanaehah sagoronghyaharon, neoni wassagorighwanoondoghseh sinaghhe t'yoronratighron ne ojistok.

8. Neoni washagonhane Bethlemne wahaenron sewaghteandi, neoni akwaghsewessak ne Raksaah, neoni sadsariethssere enskwarori, neoni wahooni yeengewe, neoni okne sahayatad oghhiyenjdoghtase.

9. Neoni ronwathonderaghsanowanegh wahoonghteandi,

teandi, Neoni sadkaghtho ne ojistok ne rontkaghthoghskwe sidkaraghkwinegese seragough ; oghhaendon oghteandi neoni igadde Senooawe yegayenne raksaah.

10. Ne onwa sahoetkaghtho ne ojistok wahontonhare negwanehadonharak.

11. Neoni wahondowweyate kanoughsagough naah wadhaddiedseari raksaak Mariaoghne ne Ronisteagha ; neoni akwawadhontrakwantarhe wahonwenideghtate, Neoni sinihadiye wahadhinoondiksironwawihe kagwistiyo karistanorongh, neoni onoughkwad, neoni kahondiyo.

12. Neoni Niyoh waghshagodogate waghshakawegeen ne osereghtagongh togsaok yesatewadonkoght Herodesne netiyohahhate, wahoghteandi raonadon oghwhenjage.

13. Ethoghke onwa oneah sihonaghteandi, sadkaghtho ne Raoronghyageronough ne Royaner wehodd'yatadadse Joseph kaseraghtagough, wahaenron satkitsko, neoni yehaashogh ne raksaah, neoni ronisteghha, neoni saddegogh Egypten seragough, neoni etho siaskodak sinaghhe sinentkonyughhagse ; Ikea Herodes saghyoyadisagge ne Raksaah ne wahoniroriyoghsere.

14. Ethoghke wahatkitsko wahodeghyawe ne raksaah, neoni ronisteghha raonghhage neaghsondagon, neoni wahaghteandi Egyptenne noongadi.

15. Neoni ethonoghhe yehcinderongh sinareghheiye Herodes, ne wahooni akwagh togeske naah waddoghsere, nenahotea Royaner roddadighne ne Prophetne, wahaenrongh, keronkyaghhairoonk jyeah ne Egypten.

16. Ethoghke Herodes sahatkaghtho ne raonghha ne roddinigoghrowanesse wahonwanigorhade, ethone akwagh wahhonakwhegnh, neoni odiyage sagonhaongh ne washagodirrio agwegough ne iksaagoeah ne Bethlehamne, neoni okhadeyoghkwadasedon raddinaggere

naggere ne teyoghſerage ſiyeennaggere, neoni ſughha, konihonaſa oghnagoonge neneoh nene raonghha ne rodinigoghrowanaſſe rodſten'yaron rarighwiſakskwe.

17. Ethone akwagh togeſke naah yoddoong, nenahotea rodaddighne ne Prophetne *Jeremiah*, wahaenrough.

18. Syowanat yagoghronge Ramagough eſo wadadiderrhe, neoni yawoonſenha, Rachel yagonaſe aggoyeogoeah, neoni ne yaghtewere ayongkweye ne wahooni yaghtea jedderough.

19. Ethone onwa one ſihawheiyon *Herodes*, ſadkaghtho Raoronghyageronon ne Royaner wahadd'yatadadſe Joſeph ne kaſeraghtagough ne Egyptenieragough.

20. Wahaenrough, ſat kitſko eghjiahdegha ne rakſaah neoni roniſteghha iſegeh neoni yaſatteandi raododoghwenjage Iſrael: Ikea ronaheiyong ne yagighſatskwe ne raodonhets ne rakſaah.

21. Ethoghke nahatkiktsko waghhoyadeghhawe ne rakſaah, neoni roniſteghha, neoni yoharawe raodoghwhenjage Iſrael.

22. Ne Okſahharonge ne *Archelaus* raghſanawane Iudeateſeragough ſidhonakte Raniha *Herodes* wadhodonghararon ethoniyare ok ne Niyoh waghſhagodogataeń waghſhagadoweyeen ne oſeraghtagon wahonteandi *Galilea*.

23. Neoni yaharawe neyaharago ſirwahonnageratto, ne kanadagongh konwayatsk *Nazareth*. Ne wahooni akwagh togeske ne Prophetne rodadeighne rowanadon ne Nazarene.

Matthew

Matthew 5. Chap.

1. NEONI *(Jesus)* wahadkaghtho kanaanra wahaat-hah onondoghharage, neoni oneah sahaddie wahadiwe raod'yoghkwa raonghhage.

2. Neoni raghseano wahanhodongogh washagorighoni, wahaenrong.

3. Yagodaskats ne yeyesaghse ne kanigoghrage, ikea ranoghha aodiyanertsera ne karonghyage.

4. Yagodaskats ne agonigoonrawise, ikea ranoghha ronweneghyene.

5. Yagodaskats ne agonigoghranetska, ikea raongwadirakwannire oghwhenja.

6. Yagodaskats ne yondokatiyaksk, neoni yagoniyadathengse ne yoderighwagwarighheah, ikea ronaghtasere.

7. Yagodaskats ne yagonidareskough, ikea ronwaddidarane.

8. Yagodaskats yahodhenonteyaore akaweriyane, ikea ronwatkaghthoghsere Niyoh.

9. Yagodaskats ne skanenthiyeense; ikea Niyoh shagoyeenhogonah ronwadinadone.

10. Yagodaskats ne yondatnoonderatrese ne wahooni ne yoddirighwagwarighheah: Ikea ronoghha ayodiyanertsera ne karongyage.

11. Yagodaskats sadeyoght ne yesaghswangse ongwehogough, neoni yesaghserese, neoni onowaen agwegough yodakse yesadadd'yase ne wahooni yeyaghgerihoniyat.

12. Yodsenoonyat saddonharak, ikea enyesayeritse gwane ne Karonghyagough, ikea sadeyoght sagodighnonderadiskwe ne Prophet-hogough sewanhaendon.

13. Ise

13. Ife ne faghyojisk ne oghwhenia; onghte teyoyojisk onwa ne teyeyojisk yaghtea enjoyenneregge oghnehotea te Koghyofittarhoghfera? Yaghtetfoyanere kaniga funha ethone, wahoonihatfte inyagode, neoni teyongfwaferaghkwagge ongwehogough.

14. Ife ne aowaendegh ne oghwhenja. Skanadad onondoghharage, ikea yaghteyawight ayongfeghte.

15. Yaghte fegough teyehogadontha, neoni ne kanaghkokon ayeyen, okne waeghniyodegh fiyehogatodaghkwa, neoni waatkaat teyogtfwathete agwagongh ne Kanoghfagough yeerough naah.

16. Ethoni defaghfwatkhek tiyoghfwathe O haendon ne ongwehogough ne fayodeghferio ahont kaghtho, neoni yaniha ne karonghyage yeheanderough ahowanaendon.

17. Toghfa firkhek ne iyewagough agerighfi wahooni raoriwadogeaghti, netens ne Prophethogough giyaghtewagough ne agerighfi Okneengerite.

18. Ikea akwagh waygoyehonghfe nene kakaronia, neoni ne oghwhenja enwadohetfte, ne yaghta onfkat ftayeronitftorf ne raoiwaghwarigh'jat aondohitfte agwegough etho nenyawane.

19. Ne ok onkka ethone onskat nenegea Keaniyerighwayondatdani Eneghnereanghfheah neoi ne Ongwehogough finiyought Yondadderighhon'yenighhaghkwe, ne Kaniyagaah yeyondaddenadon ne Kayanertferagoon ne Karonghyage: Ok onkkagiok ethnoiyaody'ereah neoini

enyago-

enyagodadderighhonnyeni, ne yegwanah yondaddenadoonreah ne kayanertferagough ne Karonghyage.

20. Ikea wagoyehaghfe neok faderighwagwarighfhiyonfera fhunha ne teghfegani finiyught ne radighyadoghferayenderife, neoni ne Pharifeen, ne yaghthafewadawiyate Kayanertferagough Karonghyage.

21. Sadhondighkwe nenahotea yondatdeani agotftcha toghfaok afferiyot; okne onkka inyondatderio, radiedfihayefk feragough ne eghhonwarewaghte.

22. Ikea Wagoyehaghfe onkkane onhodarighwadihafe enhonakwafe yadadegeagh ne ethonwarewaghte radiedfihayefkferagough, neoni onkka enhawanhaghfe yadadegeah yaddehaed ne ehhonwarewaghte Kahaghferowane, ok onkka engoanron faende ne eghhonwewareghte oneffegh dyodikha.

23. Katke enfheyongfere *Altare*, neoni agaye enfenogktonyongkwagge ne jadaddegeah yotheinon eghyeghhaghfe.

24. Etho Kayeendak ne nofheyong ohaendon ne *Altare*, neoni yefaghteandi teanjadedderiwiyonghftough endewadireghte jaddagaah, neoni Karogafeght, Neoni fheyonferawighfe.

25. Okfaok fafanigoghriok ne defadatfwanfe finaghhe ife fegough ifenefe oghhage, ne wahooni ne yefaffwanfe yaghtea onghte ife ne yondatdenagaraghton enhoniyong, neoni ne yondadenageraghton ife ne yondaddenhafe enhoniyong, nenoi enyefayadoondi fiyondatdenhodonkha.

26. Akwagh

26. Akwagh wayoyehaghſe yaghtea jageanſere ſinaghhe noghnagongigh engkſagari.

27. Sadhondighkwe nene agokſtenha yagawangne yaghtanirighwanerakhe oyadeyedough.

28. Okne wagoyehaghſe nenegea onkka agoonheght'yen inyondatdatkaghtho, ne wahooni ne ſagat ayenoſha, okſaak rodderighwannerre raweriaghſagough.

29. Neoni ethoghke ſiſeweyeendightakkough ſkaghtege inſariwannerakte, Kaſtaghkwaed, neoni iſiyaſadi : Ikeane yoyennere ſiſaghtonderiſerat aonghton : Neoni yaghtea wawegongh jeronge oneſſegh ayagod'yeſſere.

30. Neoni engeahagge ſiſeweyeendightaghkough ſiſnonge inſarighwanerakte, yahaedjaek, neoni iſiyyaſade, ikea ne yoyannere ne ſiſaghton deriyeſerat anonghton, neoni yaghtea wagwegongh jeronge onneſſegh ayagod'yeſſere.

31. Neoni yeyagawang ongagiok teg'ydoge tighniderough ne washagawan aonghha kaghyadoghſera teyondikhaghſiyatha.

32. Okne nene Onkka wagoyehaghſe nena onkka rayadond'yeſſere tighniderough oya aggarighhooni ne aggerighwannerre ne waghroniſſeagh ne aonghha wagerighwanneragge kanaghkwa, neoni ne onkka enhodinyaekha ne yodadd'yadondiyon ne wanirighwanneragge Kanaghkwa.

33. Ok oya ſadhondighkwe nene agoksſteha yagawonge yaghthaerighhonegge nene yoghniron agodadi, okne engſiyeen awagough ne Royaner akwagh ſadadighne.

P   34. Okne

34. Okne wagoyehagſe yaghtaenſi oriwagough yaghniron taghſadadi ſitkaronghyade ne wahooni raonghha naah ne ſiragoghſonte ne Niyoh.

55. Nokhare ne oghwhenjate, ne wahooni raonghha, naah nethoraghſidageenſerakough; nokhare Jeruſalemne ne wahooni aonghha naah ne raonada kwane ne Raghſanowane.

36. Nokhare ſenoonſine yaghhahſiron akwagh yoghniron ne wahooni yaghſkannoghkwiſſerat aſſeragaiſte netens aſhoonſiſte.

37. Okne etho igeanhak ſawana etho, etho, yaghtea, yaghtea, nenahotea ſunha nenegea engerigkwaregge ſikondighſorahaſe ikeageanſe.

38. Sodhoondighkwe ne yogawang: ſkagarat wahooni adeangene ogearat; neoni Skanawirat wahooni adeangene onawirat.

39. Okne wagoyehagſe ne yaghtea ſeyatori aghneroonhaghſe yeghſerohaenſe, okne onkka enyeſagoonregge, neoni yehaghſtats ſeſewegeendeghtaghkough ſhranoonge ne oya.

40. Neoni onkkagiok engeahagge niyerhegge teyaekyaderighwagenni, neoni ſaddijadawidyeyehawe neoni eghtſong neſoſa.

41. Neoni onkka enſaghſteronwikhegge onskat mile aghſaghteandi yahaeſene teggeni mile.

42. Yaeſheyon ne enyeſanege, neoni ne yaghtea ſenoghſtatſe ayenihaghſe.

43. Sadhoondighkwe yeyakawangne engſenoronkhagge fas'yadat, neoni ſheſſwanſe entſeghſwaghſegge.

44. Okne wogoyehaghſe ſenorunkkaghk yeſaſſwanſe ſeyadadyriſt ne yeſagonadagkwa yoyannere

nere sinuſſiyeraſe ne yeſaſſwanſe neoni ſeyadera-
nayenhas : nene yeſſarongyageantha, neoni ne
yeſadſerhatha.

45. Ne wahooni aondoon ſaggoyeogooah naah
yaniha ne Karonyagough yeheindrough ; Ikea
raonghha Kanihayerha raoraghkwa ne taharaghk-
winnegeghte ontongoghte ne ſiyeghſerohanſe ag-
oyanereſe raghſtaroond'erha ontongoghte, yagh-
koderighwakwarighſheah neoni ne yaghtea yagh-
koderighwakwarighſheah ?

46. Ikea engeahagge aſſenoronkkwagge ne-
nene yeſanoronkkwagge oghnenahotea eyeſaritſe ?
Siniyond'yerha etho niyoght teſkyad'yereh neya-
korighwannerakſkonhogough ?

47. Neoni engeahagge iſe ſewaddaddgeao-
gooh raonghhaah taeſewaddaddenogweraddogh-
hegge Oghnenahotea wadeſhegeoni thiyeyadade ?
Etho niyondyerha ne yagorighwanerakſkough ?

48. Ethoni ſewanaghnohok naah siniyogh ya-
niha ne karonghyageſeragough naah rananough.

P 2   A Col-

A Collection of some Sentences of the Holy Scriptures, for Knowledge and Practice.

Ne Watkeanissaghtough odd'yage siniyoghtbare ne Kaghyadoghseradogeaghti ne Wahooni Ayagoderieandaragge neoni Ayondadderighhoenie.

Of the Holy Scriptures.

Ne Kaghyadoghseradogeaghti.

I Kea ne Okt'haoeneana otsoenwege yaghtea yaggorighwhissongh ne ayagorighhoeniegge oengwe ok Raongwedadogeaghti Niyoh Ronigoughriyoghstoughne d'yoyeghtaghkough sagonigoughdea-eannie sinihonadaadie, 2 *Peter* i. 21.

Agwegough ne sinikaghyadonyough Niyoh Sagodoeweanasiaeannie, neoni yotkanoeni Ayondatderighoenni, yowadaaghgough, ne a-onsayon douweyeendough, ne ayagorighwaweyesteagh nenenne yagoderighwagwarighshouh, Newahoeni ne Niyoh raongweda D'yagorighwayerie Okt'hikayodeaghseragwegough yoyenneresse D'yagorighwayerise, 2 *Timothy* iii. 16, 17.

Concerning

Concerning God.

Sinihayadotea Niyoh.

IEie ne G'yaner, neoni yaghtea kanniga ne Oya, yaghte oya teſkanniyoughſerayeagh, ie-ie Engoughſeroeni, ethoſenenne yaghteſkeraghk'hwa. *Jeſaia* xliv. 5.

Ok ne Royaner Niyoh ne Radogeſke-oenwe, raonghha ne ronheghjeegkhoegh Niyoh neoni ne siniyeheinne raghſeanowaneah, ne Raonaekwheaghſera Wad'youghwhenſiſhooghkwe, neoni ne Ongwehoenwe Yagyhteayawight agoewadaghkatſtatſe Ro-onnaekwheahſera. *Jeremias* x. 10.

Kanigoenra t'hige Niyoh, neoni nenenne Wahoeweaniteahtea, Eahoewenitaahtaſe Kanigoenragough neoni togeſke-oenwe. *Johanes* iv, 24.

Onwa ne Royaner-koo Siniyeheinwa, ajaghthayodakſeane, ne Yaghtea hoenwageaghſk, ne Agwegough sinihongoenra Niyoh, yotkonyeſt neoni Onweſeaghtſera Agwegough Siniyeheinwe; *Amen,* 1 *Timothy* i. 17.

Geniyought radough ne Royaner, ne Yagonigoughrowaneah yaghtha yondaddeneandough siyagonigoughrowaneah, neoni ne Yeeſhatſte yaghthayondaddeneandough Siyeeſhatſt, ne Agotſogoo yaghthayondaddeneandough ne Siyotſo-goo. *Jeremias* ix. 23.

Oh nenenne Enyondaddeneandouh, geantho
Enyon-

Enyondaddeneandoonte, ne Yagonigoughrayeendaſe, neoni Yongyenderie, ne ie-ie G'yaner, yoyennere Sinenyond'yere, yottaggwarighſhough neoni Yagoderighwag warighſhough ne Oghwhenjage. Ikea nenagarighhotea Wagoenwiſkwanni, Radough ne Royaner. *Jer* ix. 23, 24.

Ikea aghſeaghniehadie Nenenne Ronaderiyeendare Karongyagough, ne Raniha, ne Ronwaye, neoni ne Ronigoughriyogſtough, neoni nenegea aghſeaghniehadie jayadat. 1 *John* v. 7.

Concerning the Creation.

Sinayawea-ugh Ra-oniſſaaenhoegh.

IEſe Ethonighs'yadoteagh ſoughha-agh ne Sayaner, ieſe ſagoſough ne Karonya, ne Karonghyage ne Karonghyagehoogough neoni Kend'youghkwagwegough, ne Oghwhenja neoni agwegough nenahotea Ethdyegaye, ne Kanyadare neoni Agwegough siniewat, neoni iſe nenenne Agwegough Waaſheyonhedde, neoni ne Kend'youghkwagwegough yeroughyagighrouough yeſaniteaghtaſisk. *Nehemiah* ix. 6.

Raonghha ra-oniſſough ne Oghwhenja ne Wagarighhoeni Raooſhatſteaghk, raonghha Roddeweyenoeni ne yoghwenjage ne wagarighhoeni Ra-onigoughrowaneaghtſera, neoni ne Karonghyage Rogowanaghtough ne Wagarighhoeni Ra-onigoenra. *Jer.* x. 12.

Iſe

Ise sayanner jadanorunghk ne asayeendane ne onweseaghtsera, neoni ne ayotkonyostongh, neoni ne kaashatsteaghk, ikea ise orighwagwegough saghsough, neoni ne wagarighhoenni t'haghierr'he Ethoniyaweaugh, Neoni Kaghsough. *Revela.* iv. 11.

Concerning good Angels.

Siniyaweaghse Yeronghyagighronoontserieyo.

NE Raoronghyagighronough ne Royaner teshagon'yaghroodeansk nanaeyadotea, nenenne Konwatsanighse, Neoni waondatnereaghshough. *Psa.* xxxiv. 7.

Eghseneandough agwegough Rooronghyagighronough, Eghseneandough agwegough Raod'youghkwa. *Psalm* cxlviii. 2:

Neoni ne Etho naaweane Ronigaghskweagh waghreagheiyeah, neoni ne Karonghyagighronough wahoenwa yaathewe Ranaaskwagough Abraham. *Luke* xvi. 22.

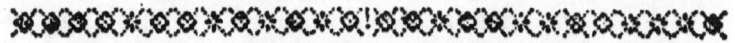

Concerning evil Angels or Devils.

Sinikond-yadoodeanse Onesseaghronough.

IKea Engeahagge Niyoh ne Onesseaghronough nenenne yodirighwannerrea, yaghtea t'hadehonoghyanieggoug, ok nenenne Onesseagh sagoyadond'yeagh sagode-

ſagodewendightough ne yondat nereagh aghſadagough, newahoeni ſinadeñtheaghroughſa teyondatd'y adorighte. 2 *Pet.* ii. 4.

Toghſa ſanoeghwaraghtough neoni ſad'yeaghwadeagh, ikea neneyaghſweaghſe ne Oneſſeaghronough teghyaniehaghrodoughſk siniyought geareks yonaakwhea-ugh, ſagoyadiſakſk onkagieok aſhogoyadarajonggo. 1 *Pet.* v. 8.

Concerning Providence.

Siniyod'yerea Kaggaeanyoe.

SAdderighwagwanighſhoughſera ethonieyought ſadeyought ne yonondenyough Niyoh, ſaddewendightſera Karighwhanca yoghnodeas: Sayaner! Sheyenawagough ongwehogough neoni katſena. *Pſalm* xxxvi. 6.

Ne yondatd'yaakhoenie ne Eghniege waondaddyeanſe, Ok ne wagwegough sinadegayadoreghtough Royanertne dawighte. *Proverbia* xvi. 33.

Neoni *Job* wahaenrough, Agyadoskough dewagyagea ugh Kanigweandagough Eſtea-agh, neoni agyadoſkough Ethoheaskighte, ne Royaner Raggawawie, neoni ne Royaner ſahago, ne Raoghſeana ne Royaner wagadoenreagh. *Job* i. 21.

Ne Ragahtegg, ne Royaner agwegough ſikanaktenyogh yegayeah, ſagogeaghsk ne yeghſerotea neoni yagoyennere. *Proverbia* 15 *Chap.* iii.

Concerning Man's Fall and Recovery by Chrift.

Siniyawea-ugh yagodaggera-ugh ne ongwehoogough neoni fifhagogetfkough ne rorighhoenni Kriftus.

NE wahoeni siniyought jongwedat yagorighhoeni ne yagoghhe Karighwaneraktane ne oghwhenjage neoni ne wagarighhoeni ne Karighwannerrea ne geaheiyough, neoni Ethoniyought ne geaheiyough agwegough ongwehoogough yagoyadateanfe, nenahotea agwegough yagorighwannerrea. *Rom.* v, 12.

Ikea fayadat ok ne Niyoh, fayadat ok tiddewaniehoogea Niyoh neoni ne ongwehoogough, ne ongwe Kriftus Jefus. 1 *Timohy* ii. 5.

Neoni yongwat-kaghtho, neoni yongwadderieandare ne Raniha Ronha-ugh Royea-agh ne Karonghyage afhagoyadeahawighte ne oghwhenjage. 1 *John* iv. Chap. 14.

Neoni ne Karonghyage yaghtea oya agariewaragge, ikea yaghtea oya Agaghfenayeendagge ne sinietkaronghyage, nenenne ne ongwehoogough ayondaddawigge, ne agarighhoenie nenahotea Karonghyage Ayongwayadeahawightea. *Acts* iv. 12.

Neoni ne Raonghha Rorighhoeni Kayennere taoenie ne wagarighhoeni ne Raonigweaghfa fidehoenwayadaanhare, ne Rorighhoeni Kadough orighwagwegongh faddeweyeendough raonghhage, nenagarighhotea ne oghwhenjage, nenagarighhotea ne Karonghyagough gayeah. *Coll.* i. 20.

Q   How

How Chrift became Man.

Siniyawea-ugh ongwe fahadough Khriftus.

OK ethoghke ne fiyehonthewe Etho noenwe yehonhaugh Niyoh Roye-agh ne agoonheght'yonge t'hahayeghtaghkwe, wahaweanaraghkwe ne Kariewa. *Galatians* iv. 4.

Ne Karonghyagighronouh Gabriel Niyoh fagonhaugh kadd'yeagh ne figanadyyeah Galileat'feragough goenwayetsk Nafaret. *Luke* i. 26.

Ne yaghteakanaghkwayenderie nenenne teyoderighwhiffough ne Rajin, ne Raoghfeanaiege Jofeph, ne Oghferoeni Roddinoghfade *David*, neoni ne A-oghfeana yaghteakanaghkwayenderie Maria. 27.

Neoni ne Karonghyagighronough wagoddowweyatough, wageanrough, wady'efaneagheradough yeiendearongh, ne Royaner yarighwawafisk, yefayadaddyriftough ne teyagodyoftough agoonheghtioogoo. 28.

Neoni ne Karonghyagighronough wa-aweaghhaghfe, toghfa tefadoghhareghroghhek Maria, ikea yendearough Niyohne farighwatferriyoh. 30.

Neoni fadkaghtho, Eaghfeneroene, neoni Ronwaye Eaghtfadouwedough, neoni Eaghtfenadaghkwe Ra-ooghfeana Jefus. 31.

Eahagowaneahagge, Neoni ne Ronwaye ne Enigeaghjee Eahoewanadoghkwe, Neoni Niyoh ne Royaner ne eahawea raonietskwarak Roniho *David*. 32.

Ethoghke Maria wa-aweaghhaghfe ne Karonghyagighronough, Ogh noenanayawea yeghtekheyenderie ne Ejin? 34.

Neoni he Karonghyagighronough tondadi neoni wa-aweaghhaghfe, ne Ronigoughriyoghftough eaghyadowyadowweyadeagh, neoni ne Rashatsteagk ne enigeaghjee ensadeaghhararane, ne engarighooni oni ne agoyadadogeaghti ne ensheyadowwedough, Niyoh Ronwaye eahoowanadoughkwe. 35.

Neoni ondowwedough ne tond'yereghte wahoddowwedouh Ronwaye neoni onyadaran wahoraghse, neoni wagaye ne Karondoot'seragough, ne wahoeni wahodinaktayowwha siyondouweyadaghkwa. *Lukas* ii. 7.

Neoni Ethonoenwe Roenese ne Raddiyaghtadd'yese ne katsana, kaghhentheagh Raddiederouh Neoni Raddienoghne ne raoditsena. 8.

Neoni sadkaghtho ne Raoronghyagighronoug ne Royaner oghseroeni radigonyadde, Neoni ne Raonweseaghtsera ne Royaner wahonadeaghhararane, neoni waathonadoughharearough negwanea teyodoghharearoughk. 9.

Neoni ne Karonghyagighronongh wagaweaghhaghse, ne toghsa tesewadoghharearough, ikea sadkaghtho wagwagwaghrorie gwanea yotsenoenniyaat, nenenne agwegough ongwehoogough sinenyagawea, 10.

Ikea nenegeaweande waeghsisenadoenyase ne Karonghyage Ensagoyadeahawighte, nenenne Kristus ne Royaner ne Raonadagough *David*. 11.

Neoni geangaye Ensaddan'yeendeaghsteagh, eaheghjadatseari ne Raksa-agh Ronwanyadaraatseragwynoenie, neoni rayad'yoeni Karondotseragough. 12.

Neoni oksaok ne goone ne Raronghkagighronough ne yotkate ne kendyoghkwa Karonghyage tayeghte, Ronwaneandoughsk Niyoh neoni wayrough. 13.

Onweseaghtsera Niyoh ne Enigeaghtjie sietkarongyage, neoni Kayennere oghwhenjage, ne Ongwehoogough waondaddenoenwene. 14.

Neoni Ethoniya wea-ugh si-oenea ne Karonghyagigrono-ogough Oenea sihoenwadiyadondyeagh Karonghyage jonenoghtough, ne Raddienoghne Katsena

sena waathondaddeaghhaghse, Gienyogh dewaghteandie A-eddeawighte Betlehem, neoni Gienyogh A-eddewatkaghtho ne siniyawea-ugh ethonoeenwe, nenahotea ne Royaner sinisongwayerea. 15.

Neoni wahadiwe tehodisterehea-ugh, neoni wahaditsearie Maria, neoni Joseph, neoni ne Raksa-ah rayadyoeni Karondotseragough. 16.

Of Chrift's Life in the World.

Siniyawea-ugh sighronhe Kriftus ne Oghwhenjage.

NEnenne yaghtea otheinough Tehorighwannerrea, segough yaghtea otheinouh ayegorighwatsearriyough raghsagough Ashagonigourhadeanigge, 1 *Pet.* ii. 22,

Ethoghke nenenne Ongwehogough yagotkaghtho ne yod'yanadough ne sinihod'yerea Jesus, wa-y-roughnenegea tageske-oenwene Propheet-iegeah, nenenne oghwhenjage Rawhe. *Johannis* vi. 14.

Ise sewajin Israelhaga, Nenegea sewathoendat sinihawenoreagh, *Jesus* ne naserethaga, ne Rajin Niyohne tesewad'yestough yetsinadoeniesk ne wagarighhoeni kaashatsteaghsera neoni yonnoghraggwaghtanyough, neoni yodd'yanadough, nenenne Niyoh sinih'od'yereane rorighhoeni ne sewaneaghherheagh sadeyought oni sewaderieandare. *Acts* ii. 22.

Concerning Khrift Death.

Siniyawea-ugh Raweaheiyaat Kriftus.

ROnwageeghronighhaghkwe, neoni ne yaghtea hoenwaraghkweagh ne ongwehoogough, ne sinihonoghwhaktan'yenie, Neoni tehonwadennageraghtough

tough si waghhahettkeaghjee, Neoni Niyadeyagough waontkoughfaghfeghte nenahoenwage'a, Ronwageaghronighhaghkwe neoni yaghtefhagwaragkweagh. *Ifa.* liii. 3.

Sinihoyadawea-ugh ne wahoeni jongwaderighwadewaghtough, Ronwaafhoegh ne wahoeni yongwatiwadanyough tehonwayadaghrightough, ne wahoenwaghrewaghte nenenne Kayannere waonkhighheghfe wahodderighwagighroohaghfe, neoni ne oorighhoeni sinihonoghwhaktan'yeni ne jonkhijeendaghkough. 5.

Nenenne raonghha ongwarighwanerakfera rayadagough rahawienne oyeendage, ne wahoeni ayagweaghheiyafe ne Karighwannerrea, ne yodderighwagwarighfhough ayag'yonhegge, ne rorighhoeni ra-onoghwhakteaghfera yetfijeendough. 1 *Peter* ii. 24.

Neoni yongwaderieandare nenahotea agwegough sinihod'yereah, tejareagh ne sironadoghwhenjade yooden neoni ne Jerufalem, nenenne Ronwarriyough, Ronwayaathare oyendage. *Acts* x. 39.

Yontkaghthofk ne t'hihagwanea Sagofharienefe neoni Royerietough ne tewightaghkough Jefus nenahotea ne wahooni ne Adonraraghk nenenne Ronwarighwayeennie, ne tehonwayadaanhare Rodaghkatftadough, neoni Addigk'heaghfera ronwagearugh, neoni yehodd'yeagh siraweyeendightaghkough raghfnonnge Niyoh firagoghfonde. *Hebrews* xii. 2.

Ikea Chriftus oni roroughyageandaghkweagh ne wahoeni Karighwannerrea, raonghha Rodderighwagwarighfhoagh ne agoriewa yagktea yagoderighwagwarighfhough, ne wahooni Niyoh ne Affongwayaathewe, nenenne ronwarriyoh ne Owaghroene, ok Sonwayonhedough ne Wagarigkhoeni Kanigoenra. 1 *Pet.* iii. 18.

Ok nenegea Rongwe (ne ne-ah Chriftus) Rodatdewenkightough ne wahoeni ne Karigwannerea Rodatdewen datdewendightaghkough, yeheanderough siniyeheinwe firaweyeendightaghkough raghfnounge Niyoh. *Heb.* x. 12.

Of Christ's Resurrection.

Ne finiyawea-uh Sahatketfkoegh Chriftus.

NEnenne Ronwaddewendightaghkoegh ne Wahooni Ongwarighwanherakfera, neoni fonwagetfkoegh ne wahoeni Afhonggwarighwagwadaggwaghfe. *Rom.* iv. 25.

Neoni ne *Ronwayadat*, neoni Sonwagetfkweagh ne aghfeaghniwighniferagighhadont, ne sinikaghyadeaghferotea. 1 *Cor.* xv. 4.

Neoni Wagwarighowanaghtea ne yondaddawenendafe ne sinihodiyaddawea-ugh Yonkhinighha, ne raonghha Niyoh fongwayerietough Sagodiyeogoe-agh, ethoghke Saghhogetfkogh Jefus. *Acts* xiii. 32.

Christ ascended unto Heaven.

Karonghyage Sawenoghtogh Chriftus.

NE Royaner Ethoghke oenea ne Sadegodightharaggweah, Karonghyagouh Sawenoghtough, neoni yeheanderough firaweyeendightaghkough ne Raghfnongge Niyoh. *Mark* xvi. 19.

Neoni ethoni geangaye Sahaweaneandane, enigegh Wahonwayadeahawighte ne Sidehaddegaghneronyough,

yough, neoni Oghſoendoghk waathoyadaghkwe ſide-
nadiganere. *Acts* i. 9.

Nenenne yeheinderough ne Siraweyeendightagh-
kough Raghſnonge Niyoh, teſhodeah Karonghya-
gough nongadi, ne yeroughyagighronough, neoni
yagogwenyadanyough, neoni yeeſhatſteſe Sagohat'ſe-
roenighhe. 1 *Pet.* iii. 22.

※※※※※※※※※※※※

Concerning Chriſt's ſitting at the Right Hand of God, and making Interceſſion for us.

*Siniyod'yerea siyeheanderough Chriſtus ſirawayeen
dightaghkough Raghsnongge Niyoh, neoni sini-
had'yerha Teſſonggwadereanayenie.*

OK Waſhagwatkaghtho Jeſus ne Onweſeaghtſera
neoni yotkonyoſt Tehonwanoenwaranhaſtough
nenenne Geanigoenha Geanighra-agh Rodo-oe-ne ne
siniyeyadoteah yeroughyagighronough, ne yorighho-
eni sinihorough yegeah ne Geaheiyough, ne wahoeni
Raonghha agrighhooni ne Rao-dearaat Niyoh agwe-
gough ne aſhagaweaheiyaſe. *Heb.* ii. 9.

Stephanus Rod'yenie rananoegh ne Ronigoughri-
youghſtough, neoni wahadaghragetſkough Wahat-
kaghtho Karonghyage nongadie, ne Wahatkaghtho
Ra-onweſeaghtſera Niyoh, neoni Jeſus ieradde Si-
raweyeendightaghkough Raghſnongge Niyoh. *Acts*
vii. 55.

Onkka ne Oneſſeagh Enyagoyadoendie? Chriſtus
nenenne Raweaheiyough, etho ne ſughha, nenenne
oeni Songwagetſkweagh, nenenne oeni Siraweyeen-
dightaghkough raghſnongge Niyoh yeheinderough
nenenne oni Teſſongwadereanayenie. *Rom.* viii. 34.

Newa-

Newagɔrighoeni nenegea Rongwe, ne wahoenie ne Siniyeheinwe oenea Sinenyoghtough, yaghte waghtoghſe Sagorighhoenyeniſk. *Heb.* vii. 24.

Ayega-eanyough ethoghke Raggwanea Songgwarighhoenyenie yongwayeah, nenenne Tehodohetſtough ne Karonghyage-hogough, nenenne Jeſus ne Niyoh Ronwaye, gienyough nenegea yongwayenawagoghhak yongwawenenda-ugh. *Heb.* iv. 14.

Concerning Chriſt's commanding his Diſciples to Preach the Goſpel to the Worlp; and of Baptiſm.

Ne siniyod'yerea ne Sagorighwanyeghtough Chriſtus ne Ra-od'youghkwa ne Evangelium agoenwada-da'yaſe ne Yoghwhenjade, neoni sinikarighhoteah ne yondatnegoſſeraſk.

Y Aſewaghtend'yonggo, ſerighhoeni agwegough ne Ongwehoogough, nc ſa-eyadat Enjondat'ne goſſeraghwe, ne Raghſeanagough ne Raniha, neoni ne Ronwaye, neoni ne Ronigoughriyougſtough, enyondadderighoenni Enjagoyenawagough agwegough nenahotea sinagonhane. *Matth.* xxviii. 19.

Nenenne end'yagawightaghkough, neoni enyondatnegoſerhonge, Karongyage ennyeghte; ok nenene yaghtea dyagowightaghkoone, oneſſeagh eanyeghte. *Mark* xvi. 16.

Ethogke *Peter* waſhagaweaghhaghſe, ſewaddatrewaght, neoni Niyadedjough Enyondat negoſſeraghwe ne Raghſeanogough Jeſus Chriſtus, Enjondadderighwiyoughſtaghkwe ne Karighwannerrea, neoni Sewayen-

wayendafere ne Ra-o-d'yefaat ne Ronigoughriyough-
ftoh. *Acts* ii. 38.

Ikea yetfiweniyosftough ne siniyagawea, neoni Se-
ye-o-goe-agh, neoni Agwegough nenenne ie-nough
ye-yeenfe, ethonigough sineafhagoroughyeghhare ne
Royaner ongwaniyoh. *V.* 39.

Nenenne ethoghke Wahoewawwenanoenwene Wa-
e-yena, waondatnegoferaghhoegh, neoni ne faeghni-
ferat Wa-e-yefta geaniegough aghfeagh niwenyow
wighferaghfeagh adonhetfft. *V.* 41.

Concerning the Lord's Supper.

Ne siniyod'yerea ne Tegarighwagighhadont ne Ray-
aner Ra-oriewa.

NEoni Waathanadaraghkwe, neoni oenea fihodo-
enreagh, waathayaakhoegh, neoni Wafhagawea,
Waheanrough, nenegerongge nenahotea ife fewariewa
wa-etfieyough Enyongwighyaghrafegge. *Luke* xxii. 19.

Sadeyought oni Katfe yeghnegighraathagh oenea-
kagongge yogarafkha, Waheanrough, nenegea Katfe
yeghnegighraathagh ne afe Teftament aggenigweagh-
fagough, nenahotea ife Sewariewa Waakrighre. *V.* 20.

Ikea Royanertne ne Wageendaghtough nenahotea
oni Gyawi, ne Royaner Jefus, ne aghfonhea-ugh
ethoghke Sahoenwanigorhateah, ne Waathanadaragh-
we. 1 *Cor.* xi. 23.

Neoni oene fihodoenreagh waathayaakhoegh, neo-
ni waheanrough, Jena, Sek, Nenaggerongge, ne Wa-
diyetfiyaakhoehaghfe, ehonafewayer Enyongwigh-
yaghrafegge. *V.* 24.

Sadeyought waathatfedaghkwe yeghnegighraatha
R

ne oenea Gagonge ne yagoraſka, neoni waheanrough, nenegea Katſe yeghnegighraatha ne aſe Teſtament aggenigweaghſagough, ethonaſewayer, siniegough ne Enſewaghnegiera Enyongwighyaghraſegge. 25.

Ikea sinegough geangayea kanadarok Enſewagge, neoni nenegea Katſe enſewaghnegiera, ſerighowanaght ne raweaheiyaat ne Royaner, ne sinadentre. 26.

Ne Ethoghke, onkkagiok yaghtea yagotſeroeniaghkonthaegh geangayea Enyenadaragge, netens ne raotſe yeghnegighraatha ne Royaner Enyeghnegiera, nenenne enyagotkarayehagſe ne Raoyerongge Neoni Raonigwaghſa Royaner. 27.

Ok ne ongwe Enyondatden'yeendeaghſte agaonghha, neoni Eanyegge ne Kanadarok, neoni Enyeghnegiera ne Katſe yeghnegightdaghkwa. 28.

Concerning Repentance.

Ne sinayeyere Ayondatrewaghte.

SAſadeweyeendeagh, neoni ſadatrewaght, newahoeni ſarighwanerakſera Aonſayenoghhare, ethoghke ne waddoogea ne Enyagawiſtoghtea eanwawwe, ne ſiragoghſonde ne Royaner. *Acts* iii. 19.

Engeahagge ongwarighwanerakſera Enyagwaghſweagaſege; Rodoewenodaghkwaad neoni Roderighwarighſhogh, ne waſunggwarighwiyoghſteagh ne Karighwanerrea, neoni Waſhungwanoghhareſe ne agwegough sinijonggwaderighwadewaghtough. 1 *Johannis* i. 9.

Ne yagorighwanerrakſkough Enyagorighhoondi siniyeyadoteagh, neoni ne Rorigwanhighſe Rennoghtonyo-us, neoni Royanertne enyond'yadondyghte, geanenyoghtough raonghha enſiſhagoderre, neoni ongwaniyoghne, ikea laſhagorighwioſteagh teyorighwannedaryogh. *Iſaiah* lv. Chap. 7.

Wagoeyeghhagſe, yaghtea, ok engeahage yaghtea jondatrewaghtane, ſewagwegough ſadenyoughtough waghtoghlere. *Luk.* xiii. 3.

Nenenne Yerighwaghſightha sinijonderighwadewaghtha yaghtha yagoyannereaghſe, ok nenenne waondoenderene, Enyoughtkawe addaddiedearough, yagoyendaſere. *Proverbs* xxviii. 13.

Geaneyought wagweaghhagſe yonatſeneoenie ne Ra-oronghyagighronough Niyoh wahoeni jeyadat yagorighwanerakſkough nenenne Enjondatrewaghte. *Luke* xv. 10.

Of Faith in Chriſt.

Ne sinayoughtough A-ondayagawightaghkough Kriſtus t'seragough.

NEnenne yagoyea ne Ronwaye, nenenne yagonheghtſerayeah, nenenne yaghteayagoyea ne Niyoh Ronwaye, nenenne yaghtea yagonheghtſerayea. 1 *John* v. 12.

Nenegea Nagarighhotea gwaghyadoonſe nenenne end'yagawightaghkough ne raghſeanagough ne Niyoh Ronwaye, newahoeni aſaderieandaragge ehſayeendane ne siniyeheinwe eghſonhegge, neoni ne wahoeni teſigtaghkough ne Raghſeanagough ne Niyoh Ronwaye. 13.

Segough yaghtea ne oya Karongyage ayontſenooniyaadaghkwe, ikea yaghtea kaghſeanayea sinietkaronghyage sinid'youghwhenjage, nenenne ougwehogongh

gongh ne ayondatſeannawi, ne agarighooni ne-
nahotea Karonghyage ayontſenooniyadagkwe.
Acts iv. Cap. 12.

Neoni gangayea ne siniyeheinwe enyagonheg-
ge, ne yeſayenderie ne raonhhaagh togeſke-oen-
we Niyoh, neoni Jeſus Kriſtu Nenenne Eght-
ſenha-ugh *John* xvii. 3.

Neoni gangayea ne sinirerr'e nenenne ragen-
ha-ugh hadd'yeah ne niyadeyagough nenenne ne
Eaghhoewatkaghtho ronwayea, neoni raonghat'-
ſeragough End'yagawightaghkough, ne siniyehe-
inwe Enyagonhegge, Neoni enkhegetſkoegh si-
nenwadighniſerooktea. *John* vi. 40.

Ethonihanorughkwe Niyoh ne yoghwhenjade,
ne Raonghhaah roddowwedogh ronwaye ſagowi,
ne wahooni niyadeyagough nenenne raonghhat-
ſeragough endyagawightaghkough yaghthayedak-
ſeane, okne siniyeheinwe enyagonhenyongge.
John iii. Chap. 16.

Of Obedience.

Ne sinayoghtough ne ayonthoendatſegge.

RAonghha yetſirighhowanaghteanie, Ojong-
we, Nenahotea siniyoyennere, Neoni ogh-
nahotea ne Yanegeaniſk Royaner ne gottaggwa-
righſheagh sineaghs'yere, neoni yoyennereagtſera
eaghſenohhwheſegge, neoni Kanigoenragough ne
enyeenſegge ne ſaniyohne. *Micah* vi. 8.

Neoni

Neoni ne fagat oni agwegough Eaghfatfteen-yareagh yeghfhewe, yehaafheaw fitefightagh-kough yoyennerefe, neoni ne fiyoyennerefe yonttogaatha. 2 *Pet.* i. 5.

Neoni ne fiyonttogaatha ayondouweyeendough, neoni ne fi ayandouweyeendough ayondaghkatftadde, neoni Ne fi ayondaghkatftadde a yagorighwiyoghfteagh. 6.

Neoni ne fi ayagorighwiyoghftough ondaddegeaogoeagh tayondaddenrunghkwagge, neoni ne jie ondaddegeaghteyondaddenorunghkwa, agwegough tayondaddenorunghkwagge. 7.

Ikea engehagge nenegea enfarighwayeendagge, neoni enyotkategge, yaghtea foogough fegough enganeahoendea ne attogaghtt'feragough fongwayaner Jefus Kriftus. 8.

Ikea ne Karonghyage yontfenoeniyadaghkwa Raodeàraat Niyoh, fagod'yadadadie agwegough ongwehoogough. *Titius* ii. 11.

Taggwarighhoenni, ne Karighwanerakfera Neoni ne oghwhenja yonofheagh ayagwayadoondie, ayagwadouweyeendough neoni ayoderigwagwarigfheagh Neoni a yongwarighwiyoghftouh-fi ayag'yonhegge nenegea youghwhenjade. 12.

Concerning Prayer.

Ne sinikarighhootea addereanayent.

NEONI fi oknahotea Eaghfenofhaghfegge K'feanagough, ne Ethonengere, ne wahoeni

eni ne Raniha ne Ronwayet'feragough eaghhoe-
wefaghte. *John* xiv. 13.

Gienyough ne dewayadaghnegaronk ethoyaed-
deawe ne fiethagoghfonde ne kennearough, ne
wahoeni ayongwayeendane Enidareghtfera neoni
Kendearough ayagwatfearie ne wahoeni ayonk-
highfnieanough ne sinenwatkannoenie ethonoen-
we. *Heb.* iv. 16.

Ne Royaner t'hohagh ierefe agwegough ne-
nenne Ronwarunghyeghha agwegough, nenenne
Ronwarughyeghha ne togefke-oenwet'feragough.
Pfalm cxlv. 18.

Wagoyeyeah ne wahoeni orighwagwegough,
ne sinenyeyere enyenieteaghte, addereanayent,
Enyondaddaddereanayehaghfe, Enyondogh re-
anighhegge ne agwegough Ongwehoogough. 1
Tim. ii. 1.

Eaghhoewanad'yerafe Koraghke-at fough, ne-
oni agwegough nenenne yondaddenageragh-
tough, ne wahoeni fkeanea t'hageahagge neoni
fiayag'yonhegge sinayoghtough gwegough a-
yongwarighwiyoghftough, neoni ayotkonya-
fteagh. 2.

Gienyough dewaderiaghfagetfkoogh fadda-
youghtough ne aggwaghfnongge, Niyohne ne
Karonghyage. *Lament.* iii. Chap. 41.

Of

Of Thanksgiving.

Ne yondoghraatha.

KAddogeaniyoghtoghhak ne fadereanayent, neoni fad'yeghwateagh ne fagat ne aghfaddoghrennighegge. *Col.* iv. 2.

Ayondoenreagh tuitkont ne ayoeni orighwagwegough Niyoh neoni ne Raniha ne Raghfeanagough fonggwayaner Jefus Kriftus. *Eph.* v. 24.

Eghtfaddoenreagh Niyoh agwegoenfe, ikea geangaye ne sinirerr'he Niyoh Jefus Kriftus t'feragough ifege. 1 *Theff.* v. 18.

Eghtfeneandough ne Royaner, Aggwadonhetft, neoni agwegough siniwat agyadagough Raoghfeanadogeaghtie. *Pfalm* ciii. 1.

Of Watchfulnefs of our Thoughts, Words and Actions.

Ne Ayondyeghwadaghkwe ne wahoenie Ongwenoghtonyoughtfera siniyondadifk, neoni Agodeweyena.

Of our Thoughts.

Ne Yagwenoghtonyoughtkwa.

IKea ne agaweriyane Kokhtendiyefe kaghferohea waonoghtonyough, Waondadderieyo, kanaghgwa

kanaghgwa yerighwaneraks, yenoſkwaghſk, teyondatsnieanosk yagonowea yondad d'yeſaghtanyousk. *Matt*. xv. 19.

Nenegea nagarighhotea nenenne ne ongwehoogough yagodakiatha, ok ne waegge yaghte yagoghjoghhare yaghthayagodakſae ne Ongwehoogough. 20.

Of our Words.

Ne Yagwaddad d'yaatha.

NE yagaongwedieyoſe Karighwiyoſe siniyeyerha ne t'kayageanſe agaweriyane ne yoyennere Kayenda-ugh, neoni ne yeghſerohea ongwe oghſeroheanda siniyeyerha Kayageanſe ne Kaghſerohea yagoyenda-ugh. *Matt*. xii. 35.

Ok wagoyeghaghſe ne siniyagodoewenakſatough nenahotea ne Ongwehoogough siniyagodadie, nenetſagat Enyeſarighhodaghs'yaſe ne sinadentheaghroughſa enwighniſeradegge. 36.

Yaghtea yodakſea taghſeweninnegeane, ok Engarighwhiyohagge sinayawea ne ayontſenoeni yadaghkwe ayagorighoenni, ne wahoeni yagoderr'he nenenne ne yagothoende. *Epheſ*. iv. 29.

Ok Kanaghkwa yerighwanneraeks neoni agwegough yodakſeanſe, netens Kanioughtſera, neoni toghſa ne ayetsinadoghkwe, ſadenyoughtough ne agoyadanogeaghti agodeweyena. *Eph*. v. 3.

Segough

Segough yaghthayotkonyoſtough, ſegough yagorighwagate netens yegonnaathagh, nenahotea yaghtea Etho t'hayeyere, ok ſughha Eſo Enyondoghronighhegge. 4.

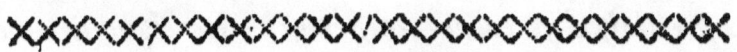

Of our Actions.

Ne siniyagwad'yerha.

GIenyough teſaſſwathek geanayoghtough ahonadeaghharateagh ne Ongwehogough, ne yahontkaghtho ſayodeaghſerieyoſe, neoni yaniha nenenne ne Karonghyagough yeheinderough ahoenweſaghte. *Matt.* v. 16.

Ikea dewagwegough Enyonkhirighhodaghs'yaſe ne sinoenwe Eahentſkwaragge Kriſtus, ne wahoeni niyadeyagough enyehawighte nenahotea siniyod'yerea Agoyerongge ne siniyond'yerhaghkwe, Ne Enyoyenneregge netens yodakſea. 2 *Corinth.* v. Chap. 10.

Ne Wahooni sinaghſy'adodeahagge aghſaddeweyenooni neoni aſaderigwagwarigſhugh, Niyoh ſagoyeogooagh Aondough, yaghthayondatrewaghtane Raddineaherheaghne, teyotſaaktough neoni teyotkarhadenyough Eghnigwaghſa, nenahotea siniyought degaghſwatheethagh ne oghwhenjage. *Phil.* ii. Chap. 15.

Concerning the Observation of the Lord's Day.

Ne siniyod'yerea ne yentsteriestha Rawighnisera ne Royaner.

SAdderieandarak sewendadogeaghstoghhak ne sabboth, &c. *ne Kayerighhadont Weani.* Sewendadogeagtiest aggwagh-sabbathhoogough, neoni ne enwadden'yen-deaghstough deddewanihoogeagh, neoni tesjewanihoogeah, newahoeni asewaderieandaragge, ne ieie ne G'yaner sa Niyoh, *Ezek.* xx. 20.

Of the Duties of Husband and Wife.

Ne sinenyagoyerea ne Ejin neoni tighniderough.

SEwanjinhogough yetsinorunghkwak teseweanderough, neoni toghsa sessweaghsek. *Coll.* iii. 19.

Sewaanheghtiogoe-agh yetsiwenarahhk'wak ne teseweanderough, siniyought ne Royaner. *Ephes.* v. 22.

Ikea ne Rajin ne Ronwagwanea ne tighniderouh, sadeyought oni Kristus ne Ronwagwanea ne onoghsadogeaghtiegea, neoni royenawagough ne Agoyerongge. 25.

Of the Duties of Parents towards Children.

Ne sinenſſagodeyerafe yagodouwedough ſagodiye-ogoe-agh.

SEriehoenni ne ikſaogoe agh ne Endewad'yereagh-teeagh ſadaghſaweagh sinenyoghtogh ne enyeen-ſegge, ſioeneaenyond'yadiſſa-agh, ne yaghthagoe-wayadoendie. *Prov.* xxii. 6.

Keagh, ſathoendat ne yaghrieſtha yaniha, neoni toghſa iſſiaſarihoendie ne ſorighhoenyeniſk ſaniſteagh-ha. *Prov.* i. 8.

Eghtſaghrieſthaghk Eghjeagh, sinaghhe yoorha-ratſt, neoni toghſa tehonoghyanik ſadonhetſt ne wa-hoeni tehaſenthoſk. *Prov.* xix. 18.

Nenegea sinikaweanagge, nenenne sinagonhane, ſeriyaghſagough enwadagge. *Deut.* vi. 6.

Neoni ſeyeogoeagh enwenigoughradda, neoni ne Enſſadadd'yagaghkwe ſanoghſagough ſiyeſſietſko-dagge, neoni enſewethaghhidakhe, neoni sineaghſa-radde, neoni sineaghſatketſkoegh. 7.

Iſe yetsiniha toghſa ſenagoenie ſeyeogoe-agh, ok ſeyeghyareah ne ſerighhoenyenighhek neoni ſeyegh-yeghhek ne Royaner. *Ephef.* vi. 4.

Nenenne raoonh'ya yondouweyeendoſk, roghſ-weaghſe royeagh, ok nenenne ronorunghkwa, okt'-haoeneana Roghſoghkwawiſhouſk. *Prov.* xiii. 24.

Of the Duties of Children towards their Parents.

Ne sinenſſago diyeraſe Radikſaoge-agh ne Ronwa-nadouwedough.

EGhtſkonn'yoſthak Yaniha neoni faniſteaghha, &c. *Ne Wiſkhadont Weani.*
Sewakſaogoe-agh, ſeweanaraghk'wak yeſadouwe-dough oktiwagwegough, ikea ne Royaner ne rarigh-wanoenweſe. *Coll.* iii. 20.

Eghtſkonyoſtak Yaniha, neoni faniſteahha, Nena-hotea ne t'yod'yereghtough Weani ne Kawenenda-ugh. *Eph.* vi. 2.

Ne Egaghtegge, ne Rotſowwenoriyaatha Roniha netens ne goewageaghroenighhe ne ondatdeniſteaghha agoewa vwenaraghkweagh, nenenne jogawwegoo en-yagodigaghtaweanyea, neoni ne tenowwereaghtoon-gagh oddoonyont Engoendigge. *Prov.* xxx. 17.

Onkkagieok Roniha, netens Roniſteaghha enyon-dewrandighta, ne Ahohogaada enyoenſwahte aghſa-dagough ſietkahoeniie. *Prov.* xx. 20.

Ikea ſagaweani Niyoh, raweah, Ehhtſkonyoſthak Yaniha neoni faniſteaghha, neoni onkkagieok Roniha netens ondatdeniſteaghha Enyondeweandighte, ne-nenne enyayghheye oenwe. *Matt,* xv. 4.

Of the People's Duty towards their Miniſters.

Ne sineahoewayeraſe ne ongwehoogough Rajiheſtaji.

SEweanaraghkwak yeſahendeanſe, Neoni ſeyatho-endaddighhek, ikea ronoghha goenwad'yeghwa-danie

danie sewadonhetst, nenenne Eaghhoewadirighhodagh-s'yase, ne wahoeni ethonahond'yere ne ahonadonha-ragge, neoni yaghthayaga oughsenhagge, ikea ne yaghteayothanoenie. *Heb*. xiii. 17.

Ne yagorighwawaakhoegh nenenne yagodouwey-eendough yontsteriestha teyoghnanet waogonyosthene enyondadderaghkwagge, gaddogea nenenne yagoyo-dea-ugh ne oweana neoni yondaddderighhoenyenie. 1 *Tim*. v. 17.

Nenenne yondadderighoonyenisk sinikawenotea, Enjeyaaknerese ne Ronwarighhoonyenisk. *Galat*. vi· Chap. 6.

Of the Duties of Young and old People.

Ne sinayeyere yenigeaghtarɔntsough neoni agok-stea-hoogo-eagh.

Of young Persons.

Okne yenigeaghterontsough.

EGhtsenoghtonyough onwa ne yayadissough ne Eghniseragough sisanigeaghteroug, arreko Ay-oodie ne Wighniseraksseanse, neoni ne siniyoghserage oenea waddooktane, nenahotea aghsierough, yagh-tea gerighwanoenwese ne sagariwat. *Eccles*. xii. 1.

Kaghha-nigayeah ne Enigeaghterough Eahadewe-ye noeni ra-o-haghha? ne Eahoyenawagough sinisse-wenoteah. *Psalm* cxix. 9.

Ne Radinigeaghterontsough sadenyoughtough ron-waneyousk ne Eahondenweyenoeni. *Tit* ii. 6.

Saddegwas ne siniyenoshask Enigeaghterough,
Neoni

Neoni ferighwaghfereght yoderighwagwarigfhough, dewightaghkough, yenorunghkwa, Kayennereagh nena-eyadootea ne yehonwaroughyeghha ne Royaner ne yagaweriyaghfieyough. 2 *Tim.* ii. 22.

Toghfa Eaghskfenayefaghte, ikea ne aghfidakfate ne Raoghfeana faniyoh, ie-ie ne G'yaner. *Lev.* xix. 12.

Kaddogea najoddeaghhak nenehotea yefarighhoenyenie, neoni togeske oenwe siniyefayerafe, fadderieandare ne yearighhoenyenie. 2 *Tim.* iii. 14.

✣✣✣✣✣✣✣✣✣✣✣✣✣✣✣✣✣✣✣✣✣✣✣✣✣

Of aged Perfons.

Ne agokftea-hoo-goe-agh.

NE rodikfteahoo-goe-agh yaghtha yogonoghwaraghtough, enyondeweyenoenic, Enyegaeanyough, ne enyoghnegarongge fidewightaghkough, ne enyenorunghkwe, enyondenigoughkatftadde. *Tit.* ii. 2.

Ne odikfteao-goe-agh oddienheghti fadenyoghtough ne enoeghha sinengondicyere siniyought agoyadadogeaghtie, yaghtha gondigoenadaghkwe, yaghtea Efo t'hagondighnigiera oneaharadafighhoontferaggerie, ok Enyagoderighhoenyenighhegge ne siniyoyennerefe. 3.

Newahoeni onoghha enyagoderighhoennie, Kondiyadafeeffough agondeweyenoeni, Agondinorunhkwagge tegondiderough, agodieyeo-goe-agh agondinorunghkwagge. 4.

Agondeweyenooni, agoongwe ageahagge, ne ayenoghfanoona, ayagoyenneregge, tegondiderough ahoonwadiweanaraghkwe, ne wahooni ne Ra-aweana Niyoh yaghthagoonadaghkwe. 5.

Of

Of Submission to those that are in Authority.

Ne sinahoenwadiyerase nenenne yondaddenageraghtough.

A Gwegough ne Ongwehoogough yondenhase sadeweanaraghk, newahoeni ne Royaner rawerough, Koraghkoo-tens, ne tighhakwanea Rogweniyaatserayeah. 1 *Pet.* ii. 13.

Agwegough adonhetsthoogongh yondatteaghsteagh yondatdenageraghtough Enyondaddeweanaraghkwe, ikea Niyoh sagonageraghtoughseroenie, neoni ne yondatdenageraghtough nenenne yederoendough, ne sagonha-ugh Niyoh. *Rom* xiii. 1.

Onkkagieok ne enyondaddewenoendie ne yondaddenageraghtough, ne wahoewawenoendie Niyoh roddenha-ugh, neoni onkkagieok enwaddewenoende, agaonghha waondaddeweandighte. 2.

Of Afflictions.

Ne siniyaweaghse yondatd'yesaghtha.

W Ag'yanereaghsisk ne yongesaghthaghkwe, ne ne wahoeni sinighsarighwhissough Wagadaaderighhoenyenie. *Psalm* cxix. 71.

1 gwegough siniyondatsoghkwawishoughsk ne noghwage, ne yaghkariewatege ne ayagodonharagg...

ok aygonigoughraneaghteagh, ethoſane ne oghnag‹
eange waganeahoendeah ne yoyennereaghtſera ne yo-
derighwagwarighſhough nena-eyadotea no ſagariewat
yagodadderighhoenyenie. *Heb.* xii. 11.

Tengadadighkwale ne Royaner Rao-naakwheagh-
ſera ikea hirighwanerakteanie. *Micah* vii. Chap. 9.

Ikea neneaſſagonorunghkwa ne Royaner, ſagogh-
ſoghkwawiſhoughsk, neoni waſhagoghrewaghte niya-
dehadie ſagoyeagh nenaſhagoyena. *Heb.* xii. 6.

Ikea yaghteyorighwakſte yongwayeſaghtha, ne gea-
oknaghhe ondoghhetſte, yonwayodeaghſisk ne yono-
enwight siniyeheinwe wagoden'yeendeaghſte ne On-
weſeaghtſera. 2 *Cor.* iv. 17.

Ne sinaghhe yaghthadagoenwayadorighte ne naga-
righhotea ne dewatkaghthosk, ok nenagarighhotea
yaghtea goenwatkaghthask, ikea ne nagarighhotea
ne dewatkaghthosk waddooktaane, ok nenagarigh-
hootea ne yaghtea goenwatkaghthosk siniyeheinwe
igeah. 18.

Of Patience.

Ne sinayoghtough ayondenigoughkatſtadde.

NE engarighhoeni ethoghke oni, geaniyough
gwanea oghſoendoghk ne yonkhighroriesk te
yongwan'yehoorea yongwadd'yenie, Gienyough yong
warighoendie agwegough yokſteſe, neoni ne Karigh
waneraſera nenenne yongwanigoughrodaggwask, ne
oni Gienyogh yongwanigough katſteaghk ne ade
waghteandie ſiyoughtendiyaatha, nenenne yonkhi
yeennie. *Heb.* xii. *vers* 1.

Sadderieandarak ne yeſadden'yeendeaghſisk ne si
.deſigh

defightaghkough yoyodea-ugh ayondenikoughkatftadde. *James* i. 3.

Ok ne yondaghkatftats waeweyeneandane, newahoeni afaweyenenda-ugh neoni wagwegough ayottaggwarighfhough yaghkanniga teyorieware ayagodookthagfe. 4.

Of Contentment.

Ne d'yagodaddenigongbrayeriedough.

NE Karonghyage yontfenoeniyaatha Gwanea teyondeant-faafk ne tayagonigoughrayeriete. 1 *Tim.* vi. 6.

Ikea yaghtea otheinoegh ne teyongwwaghhe oghwhenjage, ne yorighwadoogea yaghtea otheinoegh t'haonfayagwayageaghwe. 7.

Neoni Enyongwayeendagge ieyeksk neoni Yoghkwatfk, Etho enyongwadaddenigoughrayeriedough. 8.

Si eghfefegge toghfa faniyohak, neoni fadaddenigoughrayerie toughhak ne noghwage; ikea Rawea, yaghtha-d'yadikhaghfheagh, fegough yaghthagoenyadoendie. *Heb.* xiii. 5.

Ne d'yagawightaghkough, Yagorhaare, neoni yenorunghkwe. 1 *Cor.* xiii. 13.

Nenegea Kaghyadonyough, ne wahoeni endefightaghkough ne Jefus Kriftus iegeah ne Niyoh Ronwaye, neoni ne wahoeni endefeghtaghkoughhagge ne aghfonhegge Raoghfeanagough. *John* xx. 31.

Onwa fongwayaner Jefus Kriftus raonghha, neoni ongwaniyoh neoni Raniha, ne fongwanorunghhaghkwe, neoni fongwawie ne siniyeheinwe yonkhiyeyefk, neoni yoorhoratferieyo Kendearough. 2 *Thess.* ii. 16.

T   Neoni

Neoni rayeneandough ne fiyorharatſt ne Raonweſeaghtſera Niyoh. *Rom.* v. 2.

Roneandoont ne Niyoh neoni Raniha ſongwayaner Jeſus Kriſtus, nenenne jeegwanea Ronidareskough feſſongwadoùwedough, ne yonheghjeeghhoegh yorharatſt, ne Rorighhoeni ne ſotketskweagh Jeſus Kriſtus ne sinihaweaheiyoughne. 1 *Pet.* i. 3.

Ethoghke sineanwe endewefegge, Gienyough yoyennere finayethiyerafe agwegough ongwehoogough, ok gea-agwagh ne siyagonoghfoodough ne d'yagawightaghkough. *Gal.* vi. 10.

Of Drunkenneſs.

Ne yeghnigagaaſtha yagonoghwaraghtogſe.

YAghkeaghtefaderieandare ne yaghteyagoderigh wagwarighſhough ne yaghthayondadderaggwaghfe Raoyanertſera Niyoh. 1 *Cor.* vi. 9.

Segough yenoskwask, ſegough yagonieyoonfe, ſegough yeghnigagaſtha yagonoghwaraghtughfe, ſegough yegoenadaghkwa, ſegough okt'ha-ondadighkwa, yaghthayondadderaggwaghfe raoyanertſera Niyoh. 10.

Sewanigoenrarak, ne feweriyane katke-ok toghfa yonigoughrodagough ne yadeyondyeronyosk, neoni yeghnigagaſtha yagonoghwaraghtoghfe, neoni goenwatſteenyaroenfe nenegea ſiyagonhe, neoni ne Ethonenwighniferodeahagge yaghtea aghſad'yereaok ethoɩ naſayadaweagh, *Luke* xxi. 34.

Genyough Ethonyonwighniferodeahagge, ayotkonyoſtogh ſi ayagwefegge, yaghthadayond'yeronyough neoni yeghnigagaſtha yagonoghwaratoughfe, yaghtea siyagodaghtha fiyonoghfaweaghte neoni yadakſeanſa,

dakſeanſa, yaghtha dayondaddeſſweagh neoni ayondaddenaakwale. *Rom.* xiii. 13.

Ok Eghjena ne Royaner Jeſus Kriſtus, neoni toghſa ſatſteenyaroons ne owarough ne aganoſhaghſegge. 14. Ne Wagodeaghthene nenenne orhoengeghjie yontſeroeniſk Kaghnegaaſhatſte goenwaghſereſe, neoni yaontkoendeagh sinaghhe Kayghhoegh ſadeask ne oenea yagod'yagightaadough oneaharadaſeghhoontſeraggerie. *Iſaiah* v. 11.

Of Lewdneſs and Uncleanneſs.

Ne yadeyond'yeronyoſk neoni yodakſeanſe.

TOghſa ta-onſaghſadoogeah.
 Ne jadakhadoont Weani.
Ne Rajin oni nenenne onkkagieok teghniderough roddinaghkware, ne ſiwoenea ſaghniyadat teghniderough roddinaghkw-are, togesko-oennwe ehyondadderieyo, ne Ronaghkware, neoni ne yonaghkware. *Lev.* xx. 10.

Engeahagge ne Rajin Eahoewayadoreane, t'hiehayadadde rowanadeneanayenie oonheghti Eaghhinaatſegge, tejarough teghnighheye, ne Rajin nenenne nienaatskwe ne oonheght'yea, neoni ne oonheghti: Keangadinenyoghtogh eaghs'yageaghwe ne kaghſerohanſe iſraelne. *Deut.* xxii. 22.

Newahoeni ne Kanaghkwa yerighwaneraktha Niyadchadi, Radijin eagh hawenieyohagge teghniderough, neoni niyadegoendi engondiwenieyohagge aonghho eeghniderough, Rajin. 1 *Cor.* vii. 2.

Ne yagonyakſk yotkonyoſt agwegoonſe, neoni yaghthaycdakſate yagonietſkaraghkweagh, ok Kanagh-

naghwayerighwanneraekſs neoni yenaghtkwarha Enſ-
ſagodeweandighte Niyoh. *Heb.* xiii. 4.

On ne yotſanight, neoni yaghtha dedyagawigh-
taghkoegh, neoni yondadderieyoſk, neoni Kanaghk-
wayerighwanerakſk, neoni teyondereanageantha, ne-
oni Kayadoeni goenwayodeaghſiſk, neoni agwegough
ne yagonoweanſe ſi-enyondaddiederough ne ſid'yo-
dikha neoni enyoongeaghreandawe: Nenahotea tigge-
nihadont enyaygheye. *Rev.* xxi. 8.

Yaghkeaghteſewaderieandare ne ſewayeronge Rao-
ſtonherietſera Kriſtus? Ne kaddegeagh raoſtonderiet-
ſera Kriſtus eangaate, neoni agoniſſa-agh a-oſtonderi-
etſera ne Kanaghkwakarighwanerakſk? Ne yaghtha-
oendough! 1 *Cor.* vi. 15.

Yaghkeaghteſewaderieandare nenene goenwarigh-
wawaſisk ne Kanaghkwayarighwaneraeksk, ſagaye-
roendat waghyadough? Ikea Radough, nenenne teye-
yaghſe, ſakawarat enwadough. 16.

Ok nenenne ne Royaner roenwarighwawaſiak, ne
ſahaddinigoenrat. 17

Saddegwas ne Kanaghkwayerighwaneraekſk. Ag-
wegough ne siniyerighwaneraekſk ongwhogough, Eni-
geagh nagoyeroondaddi, ok nenenne Kanaghkwaye-
righwanerakteani agoyerongge. 18.

Yaghkeaghteſewaderieandare ne ſewayeronge ne
A-o-noeghſa ne Ronigoughriyougſtough, nenenne yad
D'yeane ne Niyoh t'yawie, neoni yaghteſaddaddewe-
niyo? 19.

Ikea kanoroughjeeghhoegh yeſaghnienough, keana-
yoghtogh eghtſoenweſaght ne Niyoh jadagough, ne-
oni ſanigoenragough, nenahotea Niyoh Ra-oweah. 20.

Of Death.

Ne siniyod'yerea Geaheiyough.

NE agwegough ongwehoogough yondaddeanie unſkat enyayghheye, neoni oghnageange teyondadd'yadorighte. *Heb.* ix. 27.

Ikea tonanieyought ſiſonhe? Ikea ne yotſadodde nenenne geaoknaghhe ne goenwatkaghthoſk, neoni oghnageange okthoeghtough. *Jam.* iv. 14.

Ethoniyoughtoghhak taggwarihoennie ayagwaradde siniyongwighniſerage ne ayagwatſearie a-ontkokhagge ongwerie. *Pſalm* xc. 12.

Ikea wagaderieandare ne geaghheiyongge yenſkiaathewe, neoni siyontkaniſſa-anhe ne ſikanoeghſade agwegough yagonhenyough. *Job.* xxx. 23.

Ne Gienigh ne siyong'yadat, iſe Eſkeeagh Raggeni, Neoni odjeenoewa Eſtea-agh, neoni agyadenoſuggha. *Job* xvii. 14.

Neoni waakhewenarongge Karonghyage tondewenayeghtaghkwe nenenne wa ongweaghhagſe, S'yadough, Karonhyage eanyeghte ne yagaweaheiyoghſerough, nenenne Royanertſeragough ne ya-yghheyoghſe, onea-okonwa, etho wadough ne kanigoenra, newahoani ayondoriſheagh ne siniyagyodeaghſeroghkwe; neoni agodeweyena wagoghſereghte. *Rev.* xiv. 13.

Of Judgment.

Ne sinenyoghtough sinadentheaghroug ſa nedeanſhagokhaghſheagh.

SAddonharaghk, O ſewanegeaghterough, siſewadonhoennie-agh, neoni Gienyough ſanigoughrorie ſeriyane

seriyane ne seganiseragough sighseniegeaghterough, neoni yasathadidda ne seriyane, neoni ne gonthaghthosk Skaghtegge: Ok sadderieandarak, ne Niyoh ne wahoeni nenegea crighwagwegough enyesayaathewe ne sinadeanshagokhaghsheagh. *Eccles.* xi. 9.

Ethoghke ne ahageaghte ogeanra ensewadough, ne siniyoghtoone, neoni ne Kanigoenra niyoghne ensewighte, nenenne sagowighne. *Eccles.* xii. 7.

Ikea Niyadegodeaghserage Eaghharighhodaghsheah Niyoh sidenssagoyadorighte, ne agwegough siniyoderighwaghiseghtough, geantenskaa-yeah yoyennere, natens siniyodakseanse. 14.

Neoni Ethone ne sineanwe yaghte yagoderieandarough yehadkaghtho Niyoh, agwegough onwa sagoghrorie ongwehoogough oktiwagwegough Enjondatrewaghte. *Acts* xvii. 30.

Newagarighhoeni ne Rawighniseradogeaghstough, nenahotea Ethoghke ne yoghwhenjade yoderighwagwarighshough teassagoyadorighte, teyondatdikhaghshough ne Eaghharighhoeni jongwedat raonghha yehonha-ugh, engeriegge oenwe sineanshagoyere agwegough, ne wahoeni raonghha Rogetskweagh ne sinihaweaheiyoughne. 31.

Wagoyeghhagse, ne Niyadiyeweangge yagodoowenaksatough ne ongwehogough siniyagodadi, ronoghha okne sagat enyerighhodaghshough deanshagoyaderighte ne sinadeanshagokhaghsheagh. *Matt.* xii. Chap. 36.

Ikea ne Royaner raonghha ne eaharoughyeghha, ne gondiyadaggwaniyoh ne A-odieweana, neoni ne Rao-hoorawat Niyoh, denthadeseaghte ne sietkaronghyade, neoni nenenne Kristus t'ieragough yagowend a-ugh, ne endewad'yereghte enyontketskoegh. 1 *Thes.* iv. 16.

Onkkagieok ieie neoni aggeweana goenwadeghhasighhaghkwe, nenegea sewaderighwadewaghtha neoni

(153)

oni yagorighwanerakfkough Eghnigwaghfa, nenenne ne ongweondadd'ye-agh oni eaghffagodeghhafe Ethoghke sineanrawe ne Ra-onwefeaghtakferagough Roniha, ne fadenyoghfough yeronghyageghronoentferadogeaghti. *Mark* viii. 38.

Of Hell.

Ne sinia'yod'yerea Oneffeagh.

NE yagorighwanerakskough ne enyondatregge oneffeagh nongaadie, neoni agwegough yaghteahoenwaraghkwa Niyoh. *Pfalm* ix. 17.

Neoni toghfa ne fetfaghnighfek nenenne oyeroenda ne Engoewarriyo, neoni yaghthagoenwagwynie ne addonhetft Agoenwarriyo, ok fughha Efo Eghtfetfaghnighfek, nenenne tejarough adonhetft neoni oyeronda Eaheandakfate ne oneffeagh. *Matt.* x. 28.

Ethoghke goeyeanie, ne farighwanerakferagough ne eaghfighheye, ikea engeahagge yaghtha tenfightaghkough ne fi nik'yadotea farighwanerakferagough eaghfighheye. *Johan.* viii. 24.

Ne wahoeni Ronoghha agwegough enyondadde weandighte nenene yaghtaded'yagawightaghkough ne togeskeoenwe, ok yerighwanoenweeskwe ne jonderighwadewaghtha. 2 *Theff.* ii. 12.

Ethoghke ne Eneenwadough ne Royaner Jefus Karonghyage denthayeghtaghkwe ne Enthoere Kaonghyagighronoghogouh Raootfhatftoughk. 2 *Theff.* 7.

Ne teyodoghkwaghkweaghhadd'yea enyoddegane, nyondadd'yefaghte nena-eyadotea yaghtea-hoenwaynderighne Niyoh, neoni nenaeyadotea nenenne Rao-
Evange-

Evangelium ſongwayaner Jeſus Kriſtus yaghtea-
goen-wathoendadough. 8.

Ikea Engeahagge ne yeronghyagighronough
ne yodirighwannerrea yaghthadehonoghyanieeg-
gough Niyoh, ok nenenne oneſſeagh ſayoyadon-
d'youh yeſhagoyaatheuw ne yondatnereah Agh-
ſadaggough, ne wahoeni yondaddeweyeendough
ne sinadentre Enſſagodeweandighte. 2 *Pet*. ii. 4.

Ok ne yotſanight, neoni yoghtha de d'yaga-
wightaghkough, neoni yotſaghnighjighhoegh ne-
oni teyondereanageantha, neoni Kayadoeni goen-
wayodeaghſiſk, neoni agwegough ne yagonowe-
anſe ſi-enyondaddiederough ne ſid'yodikha neoni
enyoongeaghreandaw : Neanahotea tiggenihadont
enyayghheye. *Rev*. xxi. 8.

Ethonoonwe yaghtea geaheiyughſe siniyon-
daddyeſaghtha, neoni ne ſidyodika yaghtha yoon-
ſwaghte. *Mark* ix. Chap. 44.

Of Heaven.

Ne sinid'yod'yerea Karonghyage.

EThoghke ne Royanerkoowa Eaghſaga-
weaghhaghſe nenaeyadotea ne ſiraweyeen-
dightaghkough raghſnongge enyegeanyadagge,
Garo kaſſewight ſagoyadaddyrieſtough Raggeni-
ha, waetsiraggwaghſe ne Kayanertſera nenahotea
yotſighſeroenyenie ne ſaghrough whenjonicagh.
Matt. xxv. 34.

Neoni

Neoni Niyoh agwegough eaghſagogaghſeraggewanyoh, neoni yaghteanſkadegge ne yeaheiyough, ſegough ayagonigoenraneane, ſegough ayontſtareah, ſegough ayeronghyageaghſegge yaghetho t'ha-onſayoghtough, ikea ne dy'od'yereaghtough kariwa yodohotſtough. *Rev.* xxi. 4.

Ethogke ne yagoderighwagwarigſhough teyonderoonwinnegeane siniyought ne Karaghkwa RaoyanertſeragoughRoddiniha. Nenenne teyehoeghtend'ene wahoeni ayonthoendadde, nenenne yonthoendat. *Matt.* xiii. 43.

Toghſa teſadoghhareghroghhek, Keaniſewend'yonghkwa, ikea ne ronoghwe-ugh yaniha ne ne enyetſieyo Raoyanertſera. *Luke* xii. 32.

Ikea ne goenwatſterieſtha ne Karighwannerrea ne Enya-y-heyate, ok ne kendearough ſagowiſk Niyoh ne siniheinwe enyondonhetſtaghkwe, ne Rorighhoeni Jeſus Kriſtus ſongwayaner. *Rom.* vi. 23.

Neoni Eſo nenenne, ne oghhageaghtagough ne oghwhenjagough yagodaawhoegh, enyondadd'yeghte, oddiage siniyeheinwe Enyagonhenyongge, neoni t'higaade ne Enyondadeſſweagh neoni siniyeheinwe d'yotſanight. *Daniel* xii. 2.

Neoni ſagoderighhoenyenisk, tehoenderonwinnegeane, siniyought ne karonghyade, neoni nenenne Eſo ne yagoderighwagwarighſhough, siniyought neyojiſtoghkwaronyouh tuitkont neoni siniyeheinwe. *Dan.* xii. 3.

Ikea yongwaderieandare, ne engeahagge oghwhenjage nenegea yongwanoghſode enyerighſheagh, ſongwanoghſiſa-eannie Niyoh, Keanikanoegh-

kanoeghſodeagh, yaghteaeghſnongge teyaga-oniſ-
ſough, ok ne siniyeheinwe, ne karonghyagough.
2 *Cor.* v. 1.
Yagoghtaſe ne waondohareah ſiskoeghſonde, O
ſayauner, yonongwightanyough ſiſeweyeendigh-
kough siſſnongge siniyeheinwe. *Pſalm* xvi. 11.
Toghſa Ne iewaneghtaggwaghſik, ikea oen-
eat'hoha yaonthewe, nenahotea yegwegough ne
yeyadadaryough eagh-hoewawwenarongge. *John*
v. 28.
Neoni enyeyageane, nenene yoyennere siniya-
god'yerea, en enyontketskwaghte ne Enyagon-
henyongge, neoni nenenne ne yodakſea siniya-
god'yerea, ne Enyontketskwaghte ne oneſſeagh-
eanyeaghte. 29.
Yaghtegerr'he ne aſawaderigh-waghſeghraaſe
nena-eyadotea ne yagowenda-ugh, newahoeni
yaghtheanſanigoughraneaghſere siniyought ne
t'hiyeyadadde ne yaghteyagorharatſt. 1 *Theſſ.*
iv. 13.
Ikea engeahagge end'yonggwightaghkough ne
Raweaheiyough Jeſus, neoni ſotketskweagh, ſa-
denyoghtough oni yagowenda-ugh Niyoh enſis-
hagoyaathewe Jeſus t'ieragough. 14.
Ike nonegee wagweaghhaghſe ne wagarigh-
hoeni ne ra-oweana Royaner, ne ong'youghha
ne enyagonhenyonge enyagodeddearough ne si-
nadentre ne Royaner, yaghtha dakoenwaçare-
rough nenaeyadotea yagowenda-ugh. 15.
Ikea ne Royaner raonghha ne eaharonghyegh-
ha, ne gondiyadaggwaniyoh ne aodiew-eana,
neoni ne Rao-hoorawat Niyoh denthadeſeaghte
ne

ne sietkaronghyade, neoni nenenne Kriſtus t'ſe-
ragough yagowenda-ugh ne Endewad'yereghte
Enyontketskoegh. 16.

Ethoghke ne yongwadaddearough yag'yon-
henyough, oghſeroeni ſadenyonkheyadaghkwe
enigea otſadagoug, ne tehoenwadderaghte ne
Royaner Karonhyagough, neoni geanenyoghtough
tuitkont ne Endeweſegge ne Royaner. 17.

Geanayoghtough, ſewaddad-deghyoghhek ne-
negea sinikawenoteah. 18.

Communion Service.

The Lord's Prayer.

SOnggwaniha ne karongyage tighſideron, wa-
ſaghſaenadogeaghtine, ſayanert'ſera iewe,
taghſerre eghniawan, Siniyought Karonghya-
gough, oni oghwenſiage, Niyadewighniſerage
taggwanadaranondaghſik nonwa, neoni tondag-
warighwiyoughkon, sinyought oni jakwadade-
righwiyoughſteani, neoni togſa daggwaghſari-
neght dewaddatdennageraghtoongge neſane ſad-
jadagwahs nekondighſeroheanſe. *Amen.*

Almighty God unto whom all Hearts be open.

SEſhatſteahtſeragwegough Niyoh, agwegongh
Ongweriane Iaghte ſanikhereghſe, ne agwe-
gough sinadeyagwaderiyeendagarriyaes ne Kani-
goughrage

goughrage Saderiyeendare, yaghutheino, tefadaghfightanisk; Taggwanoghharees yagwanoghtonnigoughkwa Ongweriane ne agarihoeni ne Raodewayeena ne Sanigoughriyoughfton; ne wahoni Ongweriyane Agwanoenwe, ne Ayottaggwarifhough ayotkonniyoughfton, Saghfeunadageaghti Ayagwaneadon, ne Rorihoone Jefus Kriftus Songwayaner.

Ejibiftije. Niyoh wahadati nenegeah agwegough Sinikaweanagge waheanron, I, Ag'ayaner fa Niyoh: Toghfa oya Niyohoogough Efayeandagge filkoeghfonde.

D'yondadifk. *Sayaner Taggwanderhek, neoni Skwadago ongweriane ne wahoni geangaye ne weani Ayongwayeenawagough.*

Ejihift. Toghfa Aghfadd'yadoughniferonn'yea, fegough otheynough taonfag'yadd'yereagh, ne karongyage, neoni oghwhenfiage, neoni oghwhenfiagough ne kanonwagough, kondinageri. Toghfaok ne defadontfothagfe ne aghferighwanegennighhegge, ikea ne agg'yaner faniyoh wagenofheagh Niyoh, wakerighwaghftough ne Karighwanerre nerodikftenhoogough fagodi-ye-o-goeagh, ne aghfea-agh nekayeriN'yade-fuit-fwanet neneyonkkeghroenni, nefane wagennidarefkon teyonk'yawighferough yonggenoenwefe keyaght'ya wanrati'yagothoendadough.

D'yond. *Sayaner Taggwanderhek, neoni Skwadago ongweriane ne wahoni geangaye ne weani Ayongwayeenawagough.*

Ejihift. Toghfaok enfennayefaght ne Royaner fa Niyoh,

Niyoh, ikea ne Royaner yaghtane ok yaght'ya fako-righwafta-ni hegge Raoghfeana ayont-fa-wanoriette.

D'yond. *Sayaner Taggwanderhek, neoni Skwadago ongweriane ne wahoni geangaye ne weani Ayongwayeena-wagough.*

Ejihift. T'jaderiendarak ne Sabbat fenondadegigh-ftoughhak, ne yayaek niwighniferage ne enfayodege, agwegough enfewaghfa sinifewayodeghferough; oya-fane t'jadakhadont Ra-o-fobbat, ne Royaner faniyo. Onedeghyaghot-t'heenogh fagh d'yere Neife yaghta oeni hght'jeeah, yaghta oeni neseyeeagh, yaghta oeni faggwariyo, yaghta oeni Neakahowhent'jaya aye-foughwant'jorea-ugh. Ikea yayaek Niyoda ne Roya-nei Ra-o-niffongh ne Karonya neoni oghwhenfia, ne-oni kanyadare agwegough siniwat, N'yehodorifhoegh ne t'yadakhadont Niyoda, newahoeni rawandadderie-ftough Royaner ne fabbat rawighniferadogeaghtounk.

D'yond. *Sayaner Taggwanderhek, neoni Skwadago ongweriane ne wahoni geangaye ne weani Ayongwayeena-wagough.*

Ejihift. Edfkonnieafthak ne yaniha neoni nefani-fteghhagh, ethone ayoenife aghfonhegge oghwhenjage, ne wahoeni afayennerieghfe fi d'youghwenfiayeah, ne Royaner Saniyo eanyough.

D'yond. *Sayaner Taggwanderhek, neoni Skwadago ongweriane ne wahoni geangaye ne weani Ayongwayeena-wagough.*

Ejihift. Toghfoak Afheriyo.

D'yond. *Sayaner Taggwanderhek, neoni Skwadago ongweriane ne wahoni geangaye ne weani Ayongwayeena-wagough.*

Ejihift. Toghfaok t'ha-onghfaghfadogea.

D'yond. *Sayaner Taggwanderhek, neoni Skwadago ongweriane ne wahoni geangaye ne weani Ayongwayeena-wagough.*

Ejihift. Thoghfaok affenofko.

D'yond.

D'yond. *Sayaner Taggwanderhek, neoni Skwadago ongweriane ne wahoni geangaye ne weani Ayongwayeenawagough.*

Ejihift. Tcghfaoh Da-eghfewadat-fnenough dyfewadad denoweaghteagh faghs'yadat.

D'yond. *Sayaner Taggwanderhek, neoni Skwadago ongweriane ne wahoni geangaye ne weani Ayongwayeenawagough.*

Ejihift, Toghfaok Aghienofha ne fafyadat yagonoghfade, toghfaok aghienofha fafyadat teyederough, oeni Ronwanhaafe, oeni kohwanhaafe, oeni Ra-odikwarieyo, oeni utheynough aghhodiyeendagge fafyadat.

D'yond. *Sayaner Taggwanderhek, neoni fhadon waggwanideghte agwegough nene geangaye weani Ongweriaghfagough.*

Let your Light fo fhine, &c.

Defaghfwathek Ongwighne tayondatfwathete, na faijodeaghferiyo ayontkaghtho, neoni yanihha Karonkyagon theanderon, Ahoenwefaghte. *Matt.* v. 16.

Agwegoonfe nenahotea sinighfarghre sinayong'yere ne ongwehogon, Ethooni Neafheyerafe, Ikea gengaye ne sinirer'ghre Nioh. *Matt.* vii. 12.

Iaghte nene niyadeyagon yongweanifk Say: Say: Yayondouweyate Kayanertferagon ne Karonkyagon, ne ok enyeyeriete Sinirerghre Rageniha ne Karon'kyage 'Thenderon. *Matt.* vii. 21.

Zacheus Iradde neoni, wahaweahaghfe ne Royaner, Sayanner, fatkaghtho fadewaghfeana siniwayg'ye waakheye ne yeyefaghfe, neoni ageahagge onkagiok aakhenigourhadeanige ne Kayeri-niyughnanet Sakheijerietfe. *Luke* xix. 8.

Onkagiok

Onkagiok yagodaghkonniyayea ne Siyoughwhenſiade, neoni Dehoganere Yadaddegeanah royewaghſe, neoni yaghtehowie, yaghtewaght ne Raonoenweght niyoh Raonhatſerago. 1 *Johannis* iii. 17.

Sad'yesinhak nenahotea siniſaye, neoni toghſa Segeghroeni ne yeyeſaghſe ne enjoeni yahteyageaghroenire niyoh. *Tob.* iv. 7.

Sanidareſkonhak, Eſo nenſayeendagge, Eſo enſheijon; Kanigongha nenſayeendagge, ſatſenoenihek enſheyon nerahotea geanigouhha siniſaye; Ikea waghſatkeaniſſaaghte ne yoijennere enyeſayerietſe ne Eghniſerago tenſhadonharearon. *Tob.* iv. 8, 9.

Onkagiok enyondaddiderhegge ne yeyeſaghſe ne wahoenwani ne Royaner, neoni Enſhoyerietſe ne Royaner togeſke oenwe. *Prov.* xix. 17.

Rodaska.s ne yagoenigoughrowane, ne yondaddeweyenoeniyeniſk ne yegodeght: Ne Royaner tenhoghſn'ye ne enwighniſeradegge sinenhodeghthene. *Pſalm* xli. 1.

✶✶✶✶✶✶✶✶✶✶✶✶✶✶✶✶✶✶

Let us Pray for the whole State of Chriſt's Church.

Dewadereanayehaghs ne enyoeni ſiokni Kanoghſadogeaghti nenenne Ogwhenſiagwegough yondadd'yeſaghtha.

OKthiwagwegough neoni siniyenheiwe Niyoh; nenenne Sadough Eghtſiadadogeaghti Jondaddeyounghs ne sinayeyere ne Addereanayent, neoni Enijenideaghthagge, Enyondadadereanayehaghſe neoni Enyondonronihegge Agwegough ongwehogoon, wagweaniteghte Kanigoonragon ne a-agh
Seghre,

Seghre, Afayennreaghfe ne aghfyena (nenegeaah yongwadiyefe) neoni nenegeah Ongwadereanayent, nenenne wagwarighwayeehaghfe, 'thisgwane Seniyoh; Wagwanegea ne Siok ni Sanoghfadogeaghti ne aharihoeni ne Togeske oenwe fanigoghriyougfton neoni Sagoriewat sinayoughtont, D'yegeght ne a-aghfeghre 'Kheyadouweyeendon. Sheyon oni ne agwegough nenenne Saghfeanadageaghti yerighweahhawe Sagat aoendough ne sidewightaghkon nenenne Togeskeoenwe ne yondadderikoeniyeniedtha ne Saweanadageaghti neoni, Oghferoeni yagonhenniyon fagoriewat sinayoughton ondaddegeaah Jayondadenoenwene.

Wagweanideghtaghkwe oni Agwegoonfe ne Siokniyondaddenageraghtanniyon nenenne ronwawenehhawe Chriftus; ok Kadogeaghfihough wag wanideghte ne a-ghtfadouweyeendon Eghtsinhafe George ne Ongwayanertferiyo neoni Sahwanageraghton, ne wahoni Skeanent ayag'yonheniyonge ne keanihaijerha agwegouh Karighwiyoughftak, neoni Ayotkonniyoughfton. Sheyon Ronwadouwenoharkefisks ne Agwegough yondaddenageroughtanniyon, ne togeskeoenwe yodderigh wagwadaggwea sinayeyere Yaghtha yondaddyadoghrongo ne wahoeni ne Karighwanneraakferahogoon neoni siniyughferoheafe Ayondat rewaghte neoni Aonfayoyenneragge ne Karighwiyoughftak ne niyoh raodeweyena neoni yotkanoenyaet Ayeyenahoegh ne togeskeoenwe Aonfayondadyerietfe. Sheyon oni fendearaet O Karongyage tighfideron Raniha ne agwegough Sagonatfteriefrha Sagoderighhoeniyeni neoni Oyaafhough nenenne goenwatften'yaroenfifk ne Adonhetft teyagodadderighwaghkweani, ne Agarighhoeni sinayagonhodeanhagge fadayoughtaghkon sifhagoderighhoeniyeeni ne niyoh Raodeweyena ne Ayerighwaghferoeni neoni ne Degawenendaungh ayagoyodea, ne farigwadogeaght ne yond'atnegofferafh nans Degarighwageaghhadon ne fiyodderighwinough

nough ne Rorighwadadon Eghſijeah. Sheyon Songweda agwegough kadogeaghtſihon nenegeah siyagot keaniſſon geantho-noenwe ne onwa ne kendearon, ne Kanigoonragon neoni ayotkonniyoſton ayonthoendadde neoni Saweanadogeghti Ayoeronge neoni Ayeſayodeghſe orighwadogeaghhſerago neoni ne yoderighwagwadaggweugh ne siniyagawighniſerage enyagonhegge. Wagweanideghtea oeni kanigoenragon ne A-aghſeghre aſheyeye ne Aeſheſn'yene ne enyoeni ſayennerghtſera Sayaner, ne Geaniyeyadoteaſe nenenne wadiyagodongharearough yagonowhaktan'yeni netens teyagogweheindonghs neoni oyaeſhough siniyontkaroeniſk.

Wagwaneandon oni ſaghſeanadogeahti ne wahoni Agwegough siniſhinhatſeradogeaghti nenene Teſightaghkontſerogon neoni yeſanoenweeſkwe Jagowendaungh, ne wagweanideaghtaghkwe ſendearaet ne ne ayakhinagerea ayagwarighwaahſſereghte ne Sadayongweght ſayanertſera ayagwayaderane: Tg'yon nenahote, O Raniha ne, Rorihoni Jeſus Chriſtus Raonhaah Songwarighwaghſeroeniyeeni neoni Songwadaddyaſisk. *Amen.*

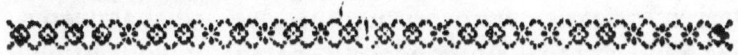

Exhortation to Communion.

AGwagh gwanoenweſe (*Enjawendadogeaghtane*) (*Jſſenabeandade Enjawendadogeaghtane*) Genoghtonniyoughs nene Hakſn'yeanough niyoh; ne Endewagwegough geaniyeyadodeanſe ne Jagorighwiyoughſteaoenwe neoni yaghtea yagodenigoughranaye neoni Goenwatſeroeniahkonthoſiſk ne enyeyaderaſeron ne enjondagaridatſte ne Degarighwagighadont ne Rayeronge neoni Raonigweaghſa Chriſtus, ne wahoni

X   ayago-

ayagoyeendaghte ne ayagawighyaghraghkweanihegge ne Raorunghyagightferadogeaghti ne fitekayaghfonde ne Garihoenisk ne ok aonhaah jonkherighwiyough- fteanisk siniyongwarighwannerrea neoni yonkhiyaek- hoenisk Kayanertfera ne Karonkyage. Newagarihoe- ni funha yongwatkarayeeni orighwagwegough, ne ag- wegough i hihaefhatifte Niyoh Songwaniha Karonk- yage 'theanderon ne ongweriaghfagwegough A-eght- fidewadarea, ne wahoeni Songwawi Royeenah Jefus Chriftus, Songwayadaggwea ; Jaghok ne Aonhaah ne Afongwaheiyafe, ok oni ne Ahaghtaghte Ong- wadonheft ne degarighwagighadon Orighwadogeagti. Ne teyondaddighkwafe enijongwayennereakfe ne en- geanhaggea enyeyeriete enyeyaderane, Sadeyougtagh- kon oni gwanaghtfihon youghteront yaghte yagotfe- roeniyaghkonthoegh ne yeyaderafe ; ne wagarihoeni yongerighwayeeni, Agwaghrejarea ne enijottaggwa- righfhy enfewadaddenigoughrifagge neonea tefewa- deaghfere nenegea ferotiwangaradogeaghftough.

Ne sinikarighweyere ne enijerighwagg'yonte Etho yaanyouwe ; Endewaddyereghte sinijonhotea siniya- goyereahadd'ye enyerighwhifagge siniyottaggwarigh- fhy ne Niyoh Saggaweani : Onkagieok enyerhegge en- yerighwatfearie yagoyeritoughhaddye sinayagoyerea ne Thiyeaghtha siniyondadifk netens kayodea-ugh, nenahotea enyondadenigoughraneghtaghkwe siniya- gorighwannera akfkough siyagonhe, enyondaddider- hegge enjondadderighwiyoughftea niohne ne agwe- gough 'thihaefhatiftea, ne enyontea enyagoddenigough raghfough one sinayoughton enjondeweyeendon. Ne- fane enfewarighhoreane ne fewatfwadann'ye ne Siok- nagarighhodeanfegge ne sinahonwayerafe Niyoh, ok oni sinayetfiyerafe feffewayadat ne enfewadaddeni- goughraghferoeni enfewaweyeneandane sinonfewag- wynienyet siyerietfe agwegough yetfiyatiwadeani ne yaghte yoderighwagwarigfhy, fioknayagoyadawea-ugh

sini-

sinisheyera. Sadeyougtaghkwea enyagotferoeniyakkonthoeyh ne agwegoente enjetsirighwiyoughstea sioknaijetsiyatswadeani, Sadenyoughton sinilaghnegaron ne Aonsaghyarighwiyoughstea ne Royaner : Ikea yaghheangayaderagge ne waghsooneghtea nenegean Orighwadogeagtie Degarighwagighhadon yagthhaesagad'yeahaghse oneadeghtseaka, Sinenyagawe Enyondidjieraghtaghkwe. Ne wagarihoeni Engeahagge, Onkagiok enyegonadighkwe ne sinihoweanodea-ugh Niyoh, netens enyeghsweagsegge, netens Kanaghkwa yerighwanneraaks, netens yeghnegagaasha, netens teyonderiaghtikhoeghs, netens Kagiok Oyason Ayoriwaragge Ayagoderighwadewaghton yagotkarayeni, nenene yaghthayouwe ne Siretswangaraghhere ne Royaner, ok enyare enijontstaraghkwe siniyagorighwannerea ne Etho Ayeyadarane ne wahoeni gengaye Ayagaweaneghton orighwadogeaghti degawenendaon Kaghniradon ne yaghtha sadodiyeenhaghse ne Onesseghrone ne siniyaweaugh Sahod'yenhaghse ne *Judas*, oknethahoghtaghte agwegough sinikaghseroheanse neoni onessegh awightaghkwe Agoyeroenda neoni agodonhetst.

Ne Engarihoeni ne enyondadderighwanhightea ne onkagieok ne enyeyaderane Orighwadogeaghtige degarighwagighhadont yaghskeane 'thenyagonigoughroendagge neoni enyoughnerough Engouwawensdaghkwatea ne Ronidareghtsera Nioh ; Engeahagge Enyeyaderagge sinitjoe yagtea yawight Skeane Ayondenigoonraye ok sukha Gwanaghlihon teyagodaghwhenjoeni na Ayondaddeye ; Sitgiederon endiyeghte Enyongerihokthaghse siniyagoghtstonsk ne wahoeni ayondaddewenharhose, ayondaddenigoughraghseroeni ne siniyagonigougraksaetha, erea ayehawighte ne Agarihoeni ne ae Aodeweyena nioh sinihowenodeaugh, ne aonsayagorea nea Agagoneghtea ne siniyoyenneresse aonsayondadderighwiyoughstea skeaneantsi sinayough-

tough

tough ne Erea agahawightea agwegough siniyagoni‑
goughradaggwaghs ne teyagonigoenragge.

Exhortation.

AGuagh Gwanoroughgua Royancrne nene ne sewanigoughraghson ne sewayaderasere ne Rayeronke neoni Raoniguaghsa Songuayaner Jesus Christus, ne teyotoughwentliyohho ensewaderiyenday‑endaggue ne nahotea ne Royadadodogeaghty *Paulus* akwego Onquehokon sakaweiyohs ne niyadeyako Enyon datteniyendeaghste ethone enyenaderaeke, neoni Yeaghnegighradaghqua Katse enyeaghnekira: Ikea sadeyoughtaghkon ne Rowanaghtsiho Kayeannerea enyonguadonhakanonike Ongueriyane, neoni enyon‑heaghtshihon entyonguightaghkon keangaye Orighwadogeaghty Yokarasko Gakuo enyeyadarane; Ikea ethone waonguatoyendsaghte ne akweko Kayeanne‑rea Rawoheyaton Christus ethone doweanderon Christus tsera'kon neoni Christus wasonguadye'hagse, sa‑gat igea neoni Raonha saguayadat. Sadeyoughtagh‑kon kowanaghtshihon Youghteron, yaghtea yagatserong yaghkonthok ne Yeyadarase, ikea waonguatharayehagse, ne Rayeronke neoni Raoniguaghsa Songuayaner Jesus Christus ne Wettewadatteweandeaghte, ne wahoni ne Rayeronke ne Royaner yaghtea teyakwayestha, ok waghtsidewanakong ne waghtsidewaraghiyadaghgue, ne ensonguaghrewaghtaghgue ne yaderighwagate ensonguayesaghraghgue Keanhra ne‑oni enyayeheyate.

Ne nahotea Dowattattegeaogoa tesewadattiyado‑reaghthas, ne wahoni yaghtha teghyadoreaghtane ne Royaner; aguagh 'Tsinhadeaghsik tsinisarighwanere
eagh‑

eaghſadowenodaghguathak ne Chriſtus ne Seriaghſagneko ne Songuaghnereaghſouh ſaſewadoweyendo tsiyonhenniyon, neoni ſenoghweſek agwekon Onguehokon ne tsiniyoderighwaguarighſouh, Ikea eaghnayeyere, ne tokeſkeonwe nenekea Orighwadogeaghty Tekarighwakighhadont enyeſayakhagſeke. Ok tuhha Teyodoghwentſiyohoh ne akwagh Onkwanikonrako Ongueriane Aſhaguadonroniheke Niyoh ne Ranihe neoni ne Ronwaye neoni ne Ronigoughrioughſtoh, ne raonhaa ne royeriidone Oghwentſiage ne wakarighony zinihorongheyage Sonkwaghnereaghſouh Jeſus Chriſtus ne tokeſke onwe Niyoh, neoni tokeſkeonwe Ongue; nenene Rottattawendihhton ne Kaheyat nene tsidekayaghſonde Sonrattyeraſe yonkweandeght Yonguarighwanerakſkoh ne Yenaekeronniyought ne aghſadakoh neoni Yodaghſadare ne Kaheyon, ne wahoni Niyo Sakoyeeogoa Aſhonkyoni, neoni Ayonkiraegnaghſe netsiniyeheuwe Enyakonhenyonke. Ikea keagaye Yokaraſka Gakuon ayonkwighyaghragte kweanihecke nenene yaghte yeyodokte Songuanonweſe Sacguanenigo Raonhaa ſonguaghſeroniyeny Jeſuc Chriſtus ne nene ſonguaheyaſe neoni ne ayonguighyaghraſek, nene yaghte yoyotheght Aondayoenratte nene ne wakarighhony Raoniguaghſanaron roghrieroh Songuagueany, neoni nene kea Orighwadokeghty Royondon ne kaguon neoni Rodinhauh ne enwatkaranoenaghgue, ne tsiniyenowight neoni tsiniyeheuwe enyakawighyaghraghgueanihheeke ne Rewoheyadon, ne Rowanaghtſhihon neoni ne tsiniyeheuwe anyonguighyeghſeke. Kinyoh ſadeniyoughton tsinenthowayerale ne Raniha neoni ne Rouikoughriyoughſtoh ayethiyadorrea tsiniyonkiakarodeaniyeny ne Yottaguarighſiyoh ayaguattattenigoughraneghtok neraorighwadogeaghtige ayaguatteraneandadde tsinireghre ayaguaweanearaghgue, ne Aſhaguathoendadighheke Orighwadogeaghtitſerako ne togeſke onwe
ne

ne yoderighwaguattaekwea tsiniyonguighniserage enyak'yonheeke. *Amen.*

Ye that, &c.

TS'younha sewaguego ne aguaghst yerighwane, rakseraghsweaghse neoni tesewattattenoroughguak tesewatteranega, neoni esseweghre ase Onsedewattadenigoughrondaghgue tsinikayerea ne Raoweana ne Niyoh, neoni ayakweseke ne onwa ne Roya, dadogeaghtitserago; Karo gasseweght ne D'yakawightaghkoh, sewayena nenekea Orighwadogeaghti Tekarighwakhadont asewighyeheke; neoni tsyonderene sewarighwannere Niyoh ne enwado Kanigoughraneghtane ne Yonigougraneghtak tesewatontiodea.

The Confeſſion.

SAeshatsteaghseragueko niyoh Raniha Songuaya-Jesus Christus, nene aquekon saghson, aguekon Onguehokon tesakoyadoreaghtha; Waguadonderene neoni yaguanase teyorighwanedarrioh yonguarighwannerea neoni yodaxease tsiniyonguayerannio, oktiyonguattentstaghkon tsinahhe yak'yonhe ne waguanoghtonnio, Waguadade, neoni tsiniguayerase, Seniyoh tsiskowano Yorighhonniyoh Sattatterighwaguarighsyoh kanekoeh neoni Taghsattatteriaghtikho. Orighwiyotshy sayaguattatrewaghte, neoni Ongueriane yagwattattenigoughraneha ne wahoni nenekea yonguaderighwattewaghtoh; ne Onoghtonniyoghtsera ne saoriwat
ne

ne yaguanheandufk, tsiniyorighwaatea yonguafenniyefe. Tackguanderkek, Oh Sanidareghtferowano Raniha; takwanderhek ne Rorihoni eaghtfiyeea Songuayaner Jefus Chriftus Tontaekguarighwiyoughftoh agueko tsiniyonguarighwannerak; neoni takiyon tsineauwe tiyutken aeguayodeaghfe ne yenoewigh afe tsiyakyonheke ne feaneandon ne Onwefeggtfera Saghfeanadogeaghty, ne Rorihoeny Jefus Chriftus Saeguayaner.

Abfolution.

NE aeguekon tihaefhatfte Niyoh, Karongyage theandero Songuaniha, ne tsinihoderighwino yaghte yeyodoekte, aeguekon Sakodearons nene tokefkeonwe jondonhaganonis, ne enyone aguagh ent'yaguightaghko raonhage entsyondatrewaghtaghgue, entsyondatterighwiyoughftoh ne tsiniyakorighwannerea; ne eaghtfifewandere, nene waeaghtfifewarighwiyoughftoh, neoni Wahaghtonde agueko tsinifewarighwannere, nenene wahayerite neoni waetfifewaefhatftatte agueko tsinikayodeaghferiofe, neoni waetfaghfarine ne tsiniyeheawe tsinyakyonhenyonke ne rorihoni, Songuayaner Jefus Chriftus.

Hear what Comfortable, &c.

SEwathondek ne ayakawighyeghfeke tsinhawenotea Karongiyage Songuadehawighte
Chriftus.

Chriſtus Sakaweaniſk, aeguekon kea niyeyadodeaſe ne raonhage akaweriaghſakon Sayondonhakanony.

Karo kaſſewegh Sewaguekon, I Ike ne ſewaſenniyeſe, ſewagwiſeaghne neoni enkwadiente. *Matt.* xi. 28.

Kea niſanonweſgue Niyoh ne Onguehokoh ne Sakowi ne Raonha rodoni. Ronwaye, ne wahoeni Niyadeyago nenene raoŋhatſerago ent'yaguightaghkon yaghtea yedaxane ok ne tsiniyeheuwe enyakonhennyonke. *Johannis* iii. 16.

Sewathoendat oni nenahotea oni ne Radoh ne royadadogeaghty *Paulus*.

Keangaye aguagh tokeſke neoni agueko ayeyenahoh, tsinikanorow ne Oghwentſiyage Iro Jeſus Chriſtus ne wahoni yakorighwannerakſkouh aſagoghnereaghſon. 1 *Tim.* i. 15.

Sewathontat oni ne nahotea radoh ne royadadogeaghty *Johannis*.

Akeahake onghka Giok enyerighwanerak yonkhiadadiyaſis Ranighniha Jeſus Chriſtus Roderighwaguarighſhoh neoni, nenekea Rokarriakon tsiniyoŋguarighwannerea. 1 *Johannis* ii. 1, 2.

Lift up your Hearts.

Ejihiſtije. Sewaderiſaghaketſkoh.

D'yondadiſk. *Waguaderiaghſaketſkoh Royanerne kinyoh.*

Ejihiſtije. Eaghtſedewadonrea ne Royaner Onguanio.

D'yond. *Ne*

D'yond. *Ne Yottackquarighsyoh neoni ethoghtsy eaghneyeyerc.*

Ejihist. Tòkeskeonwe yottaekquarighsyoh, tsinayonguayeranniyonke ne tiyutkon tsiyeyese Ahowadoroniheke, Sayaner, royadadogeaghty Raniha, agueko thihashatsté tsiniyeheuwe Niyoh.

Therefore with Angels, &c.

NE wakarihoni sadeyonguarighwaghgua Kondironghiagighronohtseraguekon, yaghte waghkawe waguaneandont yoneandon Saghseanadogeagty; ne waguearon, Royadadogeagty, Royadadogeagty, Royadadogeaghty, ne Royaner Niyoh Kandiyoughguanehoko; Ne Karonghiage neoni Oghweentsiage tsitkaghhere ne Sonweghsera: Saonweseaghtsera ne enikeaghtsy.

We do not presume, &c.

YAGHTEA yaguohe nene kea Orighwadogeaghty Teharighwagighhadont, O Sanidareaghtsera Sayaner, Ayaquadowenotaghguathaeke ne Ayonguaderighwaguarighsyoh, ok Teyorighwanedarrio tsiniseandearus: Ikea yaguadatkeghroni teyonaderaghriyo ne Onadarado geaghty Tayaekguaghgue. Ok ise Sayaner tiyutkon

kon ſanidareſkoh, ne wahoni eſkoh o ſanidareght-
ſerowano Raniha, ne ayakguake nenekea Cana-
darok ne Wadeniyendeaghſtoh ne Rayeronke
eaghtſiyeea Jeſus Chriſtus teyonkiyakony, neoni
ſadeyought enyeghnekira nenekea Xatſe ne Wat-
teniendeghſtoh Raoniguaghſa roghriroh, ne wa-
honi Dewayeronke yodaxeauh ne yorighhonni-
yoh Carighwannerea ne aonſakarakewaghte ae-
guayeronke ne Yontha ne Raoyeronkeghtſerado-
geaghty, neoni Onguadonhetſt akanoghhareteRa-
oniguaghſakoh Canoronghtſhihho, ne wahoen ſa-
dewayadat aondoh neoni raohna Onkyonhage.
Amen.

The Conſecration.

SEeſhatſteaghtſeraguekoh Niyoh karongyage
theanderoh, tſigowana Sanidareghtſera Skwa-
wea raonhaEaghtſhiyeeaSonguayaner Jeſus Chriſ-
tus neneſeronh aghreaghheye Tſidekayaghſonde
aharonghiyage, ne wahoniAſonguaghnereaghſyoh,
ne yorighhonnyo rodattaweandighto yaghotheino
teyeyo'tokte, neoni royeriedoh ne tſiniyakorigh-
wannerea ne Onguehogo; neoni Rorighwadadoh
Tſidekawaneandauh Origwadogeaghtytierako a-
yonguayenawago tſiniyeheuwe Enyakawighyagh-
raſeke raonoroghtſhiho Raonheiyat ne tſinaden-
thaghroughſea. Tondaeguathondats Waguani-
deagtea, O Sanidareghtſerouwano Raniha, neoni
tackiyon nenekea Canadarok waacguacke neoni
Onoha-

Onoharadaſehoghtſerakere nene wighyaghraghkon Raonheyat ne Chriſtus, ayaeguayaderake ne wattewake Rayeronke neoni Raonguaghſanoron: nenene Aghſontheáne ethoghke Sahowanigoughraſere ne (a) Waethanadaraghgue, neoni onwa tſihodoeroh (b) Waethayakhoh, neoni waſhakawea tſiyondatterighoeniyeni, wahearon Tſhiyena ſeek, ne n' Akeronke ne waetetſhyakhohaghſe, etho naa ſewayer enyonguighyaghraſeke.

Sadeyought oni (c) Waethatſedaghgue yeghnikighratha, ne onea keakonke ne Yokaraſea, neoni wahadoenrea, ne waſhakawea, wahearon, akwego enſewaghnekira, Sckea ne akeniguaghſakoh ne aſe Teyoweaneandauh ne ſowariwa roghriro, neoni eſo, ziondatterighwiyoughſteanitha 'ne Carighwannerea etho naa ſewayer, tſinikoh enſewaghnekira enyonguighyaghraſek. Amen.

※※※※※※※※※※※※※※※※※※※※※※

The Body, &c.

NE Rayeronke Songuayaner Jeſus Chriſtus, nene yetſighninondoh, ſadoweyendoh tſyeronke neoni Sadonhetſt ne tſiniyeheuwe aghſonheeke.

Tiyena ſeek keagaye ne ne Enyakawighyaghraſeke ne Yeghheiyaſe ne Chriſtus, ſeek enkarighhoni enteſightaghkon Seriaghſakon enſadoronighhegge.

(a) Here the Prieſt is to take the Paten into his Hands.
(a) And here to break the Bread.
(c) Here he is to take the Cup into his Hand.

The Blood, &c.

NE Raonigueaghſa Songuayaner Jeſus Chriſtus ne ſariwa Roghriroh, ſadoweyendoh Tſyeronke, neoni ſadonhetſt tſiniyeheauwe aghſonheke.

Tſyena ſnekira keagaye Katſe Entſighyaghraghguake ne Chriſtus raonigueaghſa ſariwa Roghriroh enſadoroniheke, &c.

The Lord's Prayer.

SOnggwania ne Karongyage tighſideron; waſaghſeanadogeahtine, Sayanert ſera iewe, taggeſra Eighniawan, siniyought Karongyagough, ne aghwanſiage. Niyadewighniſeraage taggwadawanondaghſik nonwa. Neoni tondagwarighvoughſton, siniyught oni Jakwadaderighwighiſeani. Neoni toghſa daghgwaſarineght watdetdennageraghtongge, neſane ſedjadaghsis ne Kondighſeroheanſe; ikea ſayanertſera aagh, neoni ne kaeſhatſte, neoni ne Onwedak ne siniyeheinwe neoni siniyehinwe.

Lord and Heavenly Father.

Sayaner karonghyage tigſideron Raniha, teyongueandeghtheſe taekguanhaſe, waguaniguanitughton Sayannereghsteany ziesguaniha aghfenonwene keagaye ahonyoh ne ayeneando ue ahonewadoronihecke ayoyennereghfto ayako yeendaghte ayerighwifaeke Waguanegea afkyon zinafguayerafe zenadehodeantfon ne Raoheyat eghtfhyeea Jefus Chriftus, ne wahoni ne diyakawightaghkon Raoniguedghfakon ne Skeantiyoughguadogeaghty agueko Aonfayonkhirigh wiyoughftea ne Karingwannerea neoni ne aguekon ne oyafon ziniyouyennerefe zinihorounkhiyage. Waguaweniyoghste tsiyacguefe, O Sayaner, Onguadonhetft neoni aguayeronke, aontkanoni, Orighwadogeaghty, ne ayonheghttfhihon ahoenyon; Kanikoenrakon wagueanideagte zinikoh dewaguekon Yonguayadareau nenekea Orighwadokeaghty Tekarighwakighhadont, ne Seandearat neoni Karounghyage tyoyeghtaghkon oyadadirightfera ayonkhiyaghtaghtea. Etho fenene yonguagearon na wahoni teyoghnanedarriyoh yonguarighwannerea, kakeok ayoriwarake aeguarigwayehagfe; Sego fana waquanideaghtea waaguate aguekon Onguanikoenrakon ne keangaye Onguadawayena yonguathatkarayeni aghfyena, yaghfeane ne thakarihoni Thayonguayadeaghfera, okneWakarihoni Sanidareghtferowane yonkhirighwiyoughfteany ne yonguarighwannerea, ne rorighhoniJefus Chriftus Saeguayaner; ne rorighhoni Sahayadat faghniyadat ne Ronikoughriyoughftoh, ife nene agueko thafefhafte Ranika, aguekon yothonniyoghft, neoni Onwefegtfera ziniyeheauwefe. *Amen.*

Glory

Glory be to God on high, &c.

ONweseghtsera Niyoh ne enikeghtshy zitkaronghyade, neoni Kayeannerea Oghweenzyage, ne Onguehoko Waondattenonwene. Waguanondo, Waguanideaghte Wakyonwesagte, Waguadoeren ne wahoni kowanaghtsihhon Sonweseghtsera, O Sayaner Niyoh, ne Karonghyakon Yesanaekeraghton, Niyoh agueko thihaeshatste Raniha.

O Sayaner, souhha Sadoony Ronwaye Jesus Christus, Sayaner Niyoh, Roye Niyoh, Ronwaye nene Raniha, ne erogh wahawighte ne ziniyakorighweannerea Onguehokon, tontaekguanderhek.

Ise nene washawighte ne Tsiniyakorighwannerea Onguehokon, Tontaekguathundaz Onguaderanaye. Ne tighsideron ne ziraweyendightaghkon Kosnonke Niyoh ne Raniha, Tontaekguanderhek.

Ikea yadighsyadi Sayadadogeaghty, yadighsyade Sayaner, Yadighsyade Tsyadaekgueah Niyoh Jesus Christus, neoni ne Ronikoughriyoughston Raonweseghtserakon Niyoh ne Raniha. *Amen.*

Dewatdereanaiye.

TAgyough, O Kayaner, ne-ne onwa ne atste Ongwahoeghtagough yonwathoendighkwe, ethonayoghtough ne wahoeni senderat Ongweriaghsagough, Aonsagaghn'yodane ne ayagwaghhewe ayoyennerasstough siyag'yonhe ne aganeandoende neoni onweseghtsera Saghseanadogeagti, neoni ayadaskatstoughhagge ongwadonhest, ne wagarighhoeni Jesus Christus Songwayaner. *Amen.*

Yagoyadadyrie-ugh neoni yagodaskatst agwegough nenenne yaghronkha Raweana ne Niyoh, neoni ne eghnieyought siyagyonhe, nenahotea ne agwegough ethonayagwadd'yerea.

The Peace of God.

NE Raoyeannereghsera Niyoh nenahotea agwegough Teyakonikoghrakennyo, ondeweyenooni Saweriane, neoni Sawenikoughrage, ne ayeendirhane neoni zinihonoenwight ne Niyoh, neoni ne Royeea Jesus Christus Sackquayaner: Neoni Raoyadaderightsera agwegough thihaeshatste Niyoh ne Raniha, neoni ne Ronwaye, neoni ne Ronigoghriyoughstough, agwegough addowesegge siniycheinwe. *Amen.*

Publick Baptism of Infants.

AGwagh gwanoroughgwa, kadogeagh sihoh Ongwehogo Carighwanerakserago yondaddadewedo; neoni Karoughyage Sonwayadahawighta Christus rado, yaghonghka thayondaweyadeCaroughiyako ne nayadodeanse entsyondony Oghneganoskne, neoni Ronigoughriyoughstohs; ne wakarihoeni wagwanideaghte tsina eghtsilewayerase ne Niyoh Raniha ne rorighoeni Songwayaner Jesus Christus, aeghtsisewaroughyehare ne nahanonwene ne agarihoeni Raoyanereghtsera Kandearon keagaye Icksaa (Icksaagoah) Ondashagawea ne ayondatnegoseraghwe enwado Oghneganos neoni Ronigoughriyoughston, neoni ayondattyena tsiyakotkanisson Raodyoughwadogeaghti Christus, neoni tokeskeonwe ayakonheghtsihon ne ayeyaderacke ne Saoriwat.

Dewade-

Dewadereanaye: Or, Let us Pray.

AGwagh Thihaeſhatſte neoni Tsiniyeheawe Niyoh, ne wakarihoeni Sanidareghtſerowane Noah neoni Raonoghſagon yederon yaghte yegooſkouh Kahonweyagoaghne Seyadye, neoni Songweda Iſrael tehonadonkoghton ne Oneagweaghtara ne Kaniyadarotea, ne Wadeniyendeaghſtouh Sarighwadogeaghti Yondatnegoſeraſk.; neoni yorighhoeniyouh Ronwaghnegoſerho ne eghtſenoenwightſihou Eaghtſiyea Jeſus Chriſtus ne Caniyadaragon *Yordan*, waghsnegadogeaghtieſte ne Kanigoenra Aganoharete ne Carighwanera, Wagwanitughtea Kanigoughraneghtane ne wagarihoeni yaghte yeyodookte Sanidareghtſera ne kagaye Ickſaa, (Ickſaagoah) Seder aſeyatkaghto, Senohhares, Seyadadogeghtieſt, neaharihoeni Sanigoghriyoughſto, ne ayoeni ne Aondouh ayagwatnereghſyat Senakoughſera, ne tsiraodyoughwadogeghti Chriſtus Agayendaghte, ne ayoughniron tſideyakawightaghkon, Ayagadonharacke ne agarihoeni yorharatſt, ne agaghtighronde ne Tsiniyonoenwight, nenegea Tsiyoughwentſyade tayondonhetſte tſideyongwareſtha ; Ne Oghnageanke yaeayonwe ne tsiniyeheawe Ayakonhecke, ne whoeni ethononwe ne siniyeheawe Ayetſteriſte ne Aharihoeni Jeſus Chriſtus. *Amen.*

AGwego thihaeſhatſte yaghtereghheyoghſe Niyoh, ne Seyenawaſiſk ne teyakodoghwentſyoho, ne aſeyadattyaſe ne Iſeke waondegwaghſeandaghgwe, ne tſiyagonhennyo ne Deddeyagawightaghkon, neoni entſyonketſgwaghte Yakaweheyoghſeroh. Wagweaniteghte ne keagaye Ikſaa (Ikſaagoah) ne ayondattyathewe ne Sarighwadogeaghti enyondatnegoſſeraghwe

ayago-

ayagoyendane ne agarihœni Aonfayondoni ne Kanigoughrage, Aonfayondadderighwiyoughfton ne Carighwanere. Kafheyena (Cfheyenaghon) oh Sayaner, tsiniught Sawanandafe ne Rorighhoniyouh eghtfenonwefe Eghtfiyeea Jefus Chriftus rawea, Senideghak nok eafayendane, Sighfak nok eafatfeary, Sanhoghtiffon nok enyefanhodungwaghfe ; Tackyon ne onwa Yagweaniteaghtane ayagwatfeary nene onwa yagwighfaks, ne ayonkhinhadongwaghfe onwa yagwanhoghtiffon, ne wahœni keagaye *Ickfaa (Ickfaagoab)* ne Oyadadereghfera Karonghyagon Aonfayonkenoharefe yeenyonwe (ayonghhe) ne tsiniycheawe Sayanertfera ne Sawaneandafe ne rorighhonnyo Jefus Chriftus Songwayaner.

✻✻✻✻✻✻✻✻✻✻✻✻✻✻✻✻✻✻✻✻✻✻✻✻✻✻

Eghtfifewadeweanathœndat tsiniyought Songwaghyadonfe ne Royadadogeaghti Markus, *ne Oyerihadont Capitle neoni Oyeri aghfea yawearehadont yobahare.*

WAdogea nonwe waondottyathehuh Ickfaongona Chriftufne ne wahœni Afhagoyena, okne Sakorighhoniyeni wafhakodeghrewaghte ne waondattyahehouh, ok Jefus ne wahatkaghto waharighwaragon ne weghfakeaweahaghfe, yongyadoreaniffa Ikfaongona toghfa teghferientharea, ikea eghniyeyadodea Raoyanefera ne Niyoh. Tokefkeonwe wagweahaghfe, eageahacke yaghoya tefhadattyadodeftane tsiniyought Ikfaa, yaghteantfi Theafadaweyadane ne Kayanertferagon ne Karoughyagon. Neoni waghfagody'adahawa neoni wahanifnonghfare ne wafhfakoyadaderifte.

GWanonwefe Sowathonde ne tsinhodowenackwea ne Caronghyage Songwayadaehwighta Jefus Chriftus, ne Sakaweani Ahonweahagfe ne Ickfaongona, na, tsinihakoghrewaghtoh Sakorighhoniyeni ne Saheanighreiffiye entſyondatthawighte, neoni agwego waſhakoghretsyaroh ne Akonwagaghdattyeghte tsiniyakodeght. Weſewanekoghrayendane tsinihodattyadayerea ne tsinikayere tsiniſagonoghweugh tsinadeſshakoghyagwaghriena, ne yahanighſnughſare, Sagoyadaderighſton. Toghſa teſanikougrakehak, ok yekayerike Teſightaghkohak ne keagaye Ickſaa (Ickſaagoah) teaſhaghyada Sadeagarighwadad'ye Keandearon, ne Ahayadatteriſtaghgwe Karoghyagon ayondouheſte, neoni ayondadon tsiniyeheawe Kayanertſeragon. Ne wahoeni Teyonkhirighwageny'eghton tsiniyoyannere tsinireghre Caronghyago theanderon Songwani hakeagaye Ikſaa (Ikſaagoah) Sagorighwawaſiſk ne rorighhoeni Royea Jeſus Chriſtus Carighowanaghton; yaghte tekanigoenracke nenegea tsiniyongwadyerea eaharighwanonwene; kiniyoh Ty'ongwightaghkoehak neoni weriaghſioehak eghtſiſewadoenra ne Aedewearon,

Awekoh Thihaeſhatſte neoni tsiniyeheawe Niyoh Karonghyage theanderon Ranih, wagwadoenrea Kanigoenragon ne Sanoghweuh ne Taekwayenderhahſteani ne Seandearatne ne Tewightaghkon Iſe tſerago yaaghſewe: Yahayeſt nenekea yeyenderhaſtha, Serighwaghnirat nenekea Tſideyongwightaghkon onea tsinayoughton. Kaſheyon Sanikoughriyoughſton keagaye Ikſaa (Ikſaagoah) ne wahoeni aonſayondoeni (aonſayondoeniyenniyon) ne Ayondatterackwagſe (ayondaddaraggweanhadon) ne tsiniyeheawe ayontſenoniyadaghgwe ne Rorighhoni Jeſus Chriſtus Songwayanerne, nenne Sadetſyonke tſyatſteriſta ſadeyought ne Ronigoughriyoughſton onwa, neoni tsiniyeheawe *Amen*, eawaddoh.

Agwagh Kwaneroghgwa, ne keantho yetſiyathe keagaye Ikſaa (Ikſaagoah) newahoni ayondatnegonegoseraghkwe, (Ayondatnegosserauhon) Sewanideaghtaghgwe ne Songwayaner Jesus Christus Ahanonwene aghsagoyena (hon) Aghsakoghnereghsouh (Ashagoghnereaghshahhon) ne aghsagoyadadogeghtiste (ashagoyadadogeaghshehon) ne aharihoeni Ronigogriyoughston ne Aareghren'k'heyon (enkheyawihoh) tsiniyeheawe enyakonhecke. Sadeyought onea Sewathoendeghgwe ne Songwayaner Jesus Christus roweanendauh Raorighwadogeaghtitserago agweko candeshakaou nene onwa tsinideaghthaghgwe: Nenahotea tokeskeonwe yehadadeweanayerite. Ne wakarighoni nenekea roweandauh Christus, eghniyought oni yetsiweneandase keagaye Iksaa (Iksaagoah) tsineayagodighyaronge (Sinenyagodighyaghrenn'yoge) ne deawadadighgwase (ne Teyondatdighkwasi) ne Onesseaghrono neoni Raod'yodeghseragwegoh, taontsyaro (tahonghtjare) ayoughniroh Niyoh Raoweanadogeghte edd'yagwightaghkon (enthoneghtaghkon) eayonthondatsecke (enyagothoendinn'yonge) eayakoyenawago.

※※※※※※※※※※※※※※※※※※※※※※

Wagwarigwanondogse?

WIsewati-kea, Agoghseana nenekea Iksaa, (Iksaagoah) nene Oneasseghronoh neoni Agweg Raoydeghsera, ne Kanayeaghtsera neoni yawegase nekea youghwentsyade, neoni agwekoh tsiniyodaxeanse tsinikonosshea eayeronke, ne yaghtaskaghdadd'yeghte ne Saoriwat, sego ne Asayadaghtonde?

Tayondadi. Nenekea agwego ongwadi.

TEsewightaghkon-kea Niyohtserago ne Raniha agwego thihaeshatste, Raonissoh ne Caronya neoni Oghwentsya?

Neoni Jesus Christus tseragoh Raonha Rahawak Saggwayaner? Ne thihoyeghtaghkon Ronigoughriyoughstohne; Rodoni ne yaghtea Canaghwayenderi Maria; ne Roronghiyage Tsinihaweniyogne Pontius Pilatus, tehowayendanhare, raweaheyon, neoni Ronwayadat, nagoh rawenoghtouh Oneaghsea; ne Aghseniwignisetakeghadont Nisotketskoh ne tsiraweheyoghne teshodea; Caroughyage rawenoghtoh, Yesneanderoh tsiraweyendigtaghko Rasnonge ne Niyoh ne agweko thihaeshatste Raniha; etho Tanthayeghtaghgwe neoni Tanhaghroughsa ne Yakonhennyonke, neoni yakaweheyoghse?

Tesightaghko-kea ne Ronikoghriugstea tserago; ne tsikandyoughgwadogeghti ne Onoghsadogeghti; ne Yeyadare Orighwadageghti; entsyondatterighwiyughstea Carighwannerea; ne entsyontketskoh ne Yeyeronke; neoni tsiniyeheawe Enyakonhennyonke?

Tayondadi. Nenekea agwego yoghniroh Tewakightaghko.

Wagwarighwanondoghse?

IGhseghre-kea keagaye Tsidewightaghko Ayesaghnegoseraghgwe?

Tayondadi. Tayon Ikeghre.

Wagwarighwanondoghse?

WAesewaneadane-kea Tsinisagweana Niyoh Raorighwadogeghti, easathoendatte tsinisewighniserage eahionhecke?

Tayondadi. Wakewaneandane.

Dowandareanaye.

ORonidearesko Niyoh, S'heyon ne Yakotongwedattyadissoh, Sadhoenwadyadatta keagaye Iksaa
(Iksaagoah)

(Ikſaagoah) ne Ongwedaſe ne tsagat ayondatketſko. *Amen.*

S'heyon ne agwego tsiniyagonikoghrondyeſe eayeronke ayoderighwaghtoenſe, Agwego tsiniyoyeahnereſe tsiyakonhecke neoni ayeyeſthacke. *Amen.*

Seeſhatſtat ne ayegweni ne wahooni Agonwaſeani Oneaſſeghronoh, Oghweentſya, neoniCarighweanerea. *Amen.*

S'heyon ne Onghkakiok ne raondeweyena ne Sagoderighhonyeniſk Aghſadeweniyouſthacke, oni ayaweghtecke tſitcaroughyade tsiniyoſkatſt ne tsiniyeheawe ayakadonharacke ayondadon, ne wagarihoeni Sanideareghtſera, O Sayaderiouh Sayaner Niyoh, nenene Sonhe neoni agweko Satſteriſtha ne tiniyeheawe. *Amen.*

AKweko thihaeſhatſte yaghte reaheyoſe Niyoh, ne eghtsinaenweghtſihon Eghtſiyeea Jeſus Chriſtus Raſwihea yadiyageauh Oghneganoſk neoni Onigweaghſa roghriro, ne wahoeni Aonſayonkhirighwiyoughſton ne Yongwarighwanerea ; neoni Sakonhauh Sakorighhonniyeni, ne ahoghtandiyonko agwekon Ongwehogon Aghſakoderighhonniyeni, neoni Aghſakodighnegoſſerahon ne Raghſeanakon ne Raniha, neoni ne Ronwaye, neoni Ronikoughriyoghſton. Sathoendeck, wagwanideaghtea, neOndereanayentneSandiyoughgwadokeaghti ; Snigadogeaghtieſt ne keagaye ne Aganoghharete ne Carighwanerea ; neoni S'heyon keagaye Ickſaa (Ickſaagoah) nene Onwa Enyondatnekoſſeraghwe (enyondatnegoſſerauhon) ayakoyendaghte (Ayogoyeendaghthagge) Sandearat agwekon, neoni tyutkon Onea tsinayoughton Ayeyaderacke Aſheyadowenadaghgwatha yondaddyadoghrongwea Seyahogoea, ne Rorihoeni Jeſus Chriſtus Songwayaner. *Amen.*

Name this Child.

N. Wakoghnegoseraghwe Roghseanako 'ne Raniha, neoni ne Ronwaye, neoni ne Ronikoghriyoughston.

WAk'hiyena keagaye Iksaa Raodyoughgwakon Christus, neoni wagwayeronieste ne ✕ Tekayaghsonde; ne Kayeronieston yaghtea yondehea enyakonderea Tohowayendanhare Christus, neoni enyakoghnegaronke eahonwadoghriyoghneroenhaghse Oneasseghrono, Oghwentsya, neoni Ahonwariwawase Christus tsiniyeheawe Onea tsinayoughton.

KEen'yoh onwa gwanoroughgwa, eghtsidewadoenrea ne agwekon Thihaeshatste Niyoh, ne Sakonoghweyoh keagaye Iksaa (Iksaagoah) aonsayondoni, (aonsayondoeniyaniyon) nooni Raodyoughgwadogeaghtige washakoyena. Keenyoh Sadantsidewanideaghtase ne keagaye Iksaa (Iksaagoah) ne yodattearon tsiyakonhe (Siyagonhenniyon) ayakorighwiyoughstea (ayagorighwiyougstanniyonge).

The Lord's Prayer.

SOngwaniha ne Caronghyage tighsideron; weasaghseandogeahtine, Sayanertsera iwe, Taghsere eghniyawea, tsiniyought Caronghyage neoni Oghweentsiyage. Niyadewighniserage tackwanadaranondaghsick nonwa. Neoni Tontackwarighwiyoughston, tsiniyong-

✝ Here the Priest shall make a Cross upon the Child's Forehead.

tsiniyongwadatterighwiyoughsteani. Neoni toghsa Tackwaghsarineght Dewattadenageraghtonke, ok Sats'yadackwaghs ne Kondigkseroheafe. *Amen.*

WAgwadoenrea Ongweriaghsagon Sanidearefkon, Raniha, ne Sanoghweunh keagaye Ickfaa (Ikfaagoah) ne rorihoni Sanikoghriyoughston tfyakodoeni Saxata (Saksaraogoon) Afheyena neoni Sand'youghgwagotferadogeaghti ayondatt'yonde. Kanigornrago wagwanideaghtea, S'heyon Akonwaheyafe ne Carighwannerea, ne Yotterighwagwarighsi'yoh Ayagonhecke (ayagonhenniyonge) ne fadehonwad'yadatta Chriftus tfiraweheyoh, ne Ongwedagaye dayeyendanharea, wagwegoayoughtonde ne tsiniyorighwannerea Oyeroenda; Neoni Sadeyoughtonhak yakoyadareauh (yagoyaderaferon) ne Raweheyat Eghtsyea. Sadeyoughtonhak oni yeyadarane (ayeyaderaferon) ne tsinisotketfkoh; ne wahoeni Oghnakeanke Ayondatterackwaghfe (ayondadderaggweanhadon) ne tsiniyeheawe Kayanertfera ne Rorihoeni Jefus Chriftus Songwayaner. *Amen.*

NE wahoeni keagaye Ickfaa (Ickfaagoah) Sewarihoeni ahaonha (agaonha) waondotfenon Yakawanondau (yagoweanendaferon) ne Onesfeaghrono neoni agwego raodeweyena eayakorihonty, Niyohtferago endyakawightaghkon raonhaa eahonwayodeghfe; ne enfewighyaghrafeke ne tsineafwayere enyenikoghrarake ne keagaye Ickfaa, (Ickfaagoah) enyakaweyeftoehacke (enyagaweyeftann'yonge) ayondatterihoeni eeyondattenadoehaghfe tsiniyorighwaghniron Yakowanondau (yagowenendaferon) neoni ne wahoeni aonkronckhacke (ayonkronthagge) nenakarihotea eayotkateke eafeyeghyehecke Aondereanayeghne neoni ayondeahoughfadettye ne Orighwadogeaghty, endewadyereghte anfewatftenyaroh ne tsiniyewanotea ne Ayondatterighhenny ne Teckeni Skarighware, ne Tewightaghkon, ne Raodereanayent Songwayaner, neoni

oni Oyeri ne Cariwacke, neoni agwekon ne oyafon nekarihotea ne Yakorighwiyoughſton ne Yontſenoeniyadaghgwa Akodonhetſt Ayakoderiyendarake; nenne keagaye Ikſaa, (Ikſaagoah) ayakoyanneraddye Ayondattighyyarea (Ayondaddighyaghronn'ye) Ayakoyadadogeaghti Tſiyakonhecke, tyutkon ayakeghyarocke ne tsiyendatnegoſeraſk Teyagwakaghneronnyo Kannadoeniſk, tsinayongwayerea nenahotea tiſhaderighwadyerea Chriſtus Songwaghnereaghſyos Ahowanagyerea neSattahonwad'yododeaſte; Sadeyoughton ne Songwaheyaſe neoni Sotketſkoh; ne Yonkhighnigoſerhon Sadeyoughton oni Ayakoheyaſe Carighwannerea, Ayontketſgwaghte Yoderigwagwadackwea, tyutkon ayorighwaghdonthacke, Ongweondaaſeaghtſera Tsiniyakonoſhea, ne kowanoghtſihonAyonderighwaghteand'yeghte tsiniyoyannereſe ne Karighwiyoughſtack Tſiyakonhecke.

The Solemnization of Matrimony.

Dearly beloved, &c.

AGwagh gwanoronkwa Kwayehogoonah, geantho onea yongwatkeaniſſon ne Sideſongwaganerea Nioh, neoni Siijagotheaniſſon raodiyoughkwa, ne wahoeni ne Radsin neoni Oenheghti ayagoniaktughkwe ſagat ayoendon; nenahotea ayotkonniyoughſton Siayagonhegge, 'thoijereghton Nioh rorighwadedon ethone akla ſiyagodeght ne Oagwe onea sinihodiyere, ne wagarihoeni yonkhidadeniyendeghſteani ne Karighwiyoughſtaghne ſayadat waoendon Chriſtusne neoni Raodiyoughkwadogeaghtige: Nenahotea siniyod'yerea rayadadogeghti Paulus wahaneandon

neandon ne ſagat yotkonniyoſt agwegough Siniyongwedagge : Newagarihoeni ne ſagoriewat yagtha yagowenoreghttaghkwe, ſegough ayondawwearon, ſegough ayagonigoughrodaggwaghte Ongwe Siniyeyagonigoughrahhaes, siniyough Kondirio Iaghotheno teyodenwaye ; ſegough agonttukhagge, ok enyotkonniyoughſton, enyonigoughroeni ne enyonigoughraghſa, ne enhoewawenaroghkwagge Nioh ; endewad'yereghte yekayeri-oenwe enyotkategge, engoewanoghtonn'yough ne Karihoeniſh weron enyagoniakſegge.

Nenahotea ne D'yodyereghtough, ne enyondowwedonghſegge ne enyondaddighyarea ne Iagokſadayeendon ne enyondowwenaraghkwagge Royanertne, siniyonoenwight ayotkonniyoughſton Niohne.

Ne Teggenihadont, rorighwadadon, teghyadad'yenawaſehhegge tegoonwaghjare Kanaghkwa Karighwannerea, ne wahoeni Iaghte gooenwagwenn'yeſe ne ayondaghkatſtadde ne enyagonniyagge, neoni yaghutheno 'thayoranondagon enyondeweyenoeni ne Rayeroenda Chriſtus.

Ne Aſſeahadont, rorighwadadon, Teyondeanigoughrrorihegge, neSienyagonhegge, teyondaddehyehhegge, teyondadd'yenawaſihhegge, netens atſenoeniyaet netens atkaroeniyaet.

Nenahote Siniyorighwadogeaghti nenegeah Teyeyaſſe onwa ijago 'thayondad'yaſte. Neoni ne onkagieok aijerhegge yaghtha oendough, onwa D'yondati, ok tent'yondati siniyenheinwe.

※※※※※※※※※※※※※※※※※※※※

Then ſhall the Miniſter ſay, *I require and charge*, &c.

Wageninhane sininyoughton enyondatkarodags'yaſe ne tenjadonharearon enwighniſeradegge

degge sinadentheghroughſa (ne katkegiok ne yoderighwaghſehtann'yon origwagwegough agaweriane enyondadderighhodaghs'yaſe) Engeahagge Kagiok niyeyadarte Ajaddenyeendaragge ne ayagonhieghte ne Agarihoeni yaghtha ayeſiyeſtane, Kaſenieron onwa. Ikea orighwhiyotſi enjoeni ne agwegough oya sinikayerea siniſſongwarighwayeraſe, Nioh yaghte-yondadd'yeſtanierea, neoni yaghte yegarighwayerie ne Iagoniyaggo.

Didjadaddeſnoſſa siniſeniweyeendightagkon. Taggewanaghſereght ie Repeat.

The (Eghtjin) Man.

I. *M* Wagoyena *N.* Detdenideron onea ted'yadaghſawea, sineanwe engoenijatſteriſton, enjoyenneregge netens 'thigeanha, ne ayotſogoagge netens taondonhagariaghſegge, ne ſkeana ayonhegge, netens teanyogoheandonghſegge, ne ensinnoghwheſegge ne enſarighwawſehhegge, ne Sinadenyongwakhaghſkea ne geanheiyon, siniyoderighwhinon Niyoh Rorigwadadon; neoni Waatniratſtaghkwe nenegeah Wadedd'yadyen'dagkwe.

The (Oenhegke) Woman.

I. *N.* Wagoyena *M.* Detdenideron onea ted'yadaghſawea, sineanwe engoenijatſteriſton, enjoyenneregge netens 'thigeanha, ne enhotſogoagge netens tahaddonhagariaghſegge, ne Skeana, aghronhegge netens teanhogoheandonghſegge, ne enhightsinnoghwheſegge ne eghtſathoendad'hegge, ne sinadenyongwakhaghſkea ne geanheiyon, siniyoderighwhinon Niyoh Rorighwadadon; neoni waatniratſtaghkwe nenegeah Wadedd'yadyen'daghkwe.

Here

Here the Ring is to be used according to the Directions in the Office of Matrimony.

Senisnoghsawied tejadiyighne.

NEnegeah Onisnoghsawied wagoniyaktea, Ag'yeronge wagoegenn'yeghstaghkwe, ne agwegough siniwagg'ye enyoeyaekhoenhaghse, ne Raghseunagon ne Raniha, neoni ne Ronwaye, neoni ne Ronigoghriyoughstough. *Amen.*

Let us Pray. *Dewadereanaye.*

OSineyenheenwe Niyoh, Raonisson neoni Ratsteristha ne agwegough Ongwehogoon, Sagohe agwegough Karighwiyoughstak ne Kendearon, neoni siniyeheinwe enyagohenniyonge; sheyadaddeiriest nenegea Sinhase, ne gengaye Radsin neoni Oenheghtien, ne jakhiyadaderiestha Saghseunagon; 'sheyon sadayonghton *Isaik* neoni *Rebecca* Tighyadadden'yehe-sighnaghkwe sidighnonhe, nenegea sadayoughton teyeyaghse oni ne jagowenenda'ungh ne Degawenenda'ungh sinaghyadad'yerase (nenahotea nenegeah ne Onisnoghsawiet waondadon neoni tayeyena ne wagadogeghstaghkwe) ayoughnieron ayagoyena wagoughyayehhewe; sheyon 'thaghyadaddenoenwene ne Oenea sinayoughton neoni joddadearon ne sidighnonhe, ne sinisaderighwhinon sinaghniyere, ne Rorighhoeni Jesus Christus Songwayaner. *Amen.*

A a 2 *Then*

Then shall the Priest join their right Hands together, and say, Those whom God hath joined, &c.

Nenahotea Tehoranege Niyoh, yaghte Iawight taonſayighaghſi ne Ongwe.

Then shall he say.

NEnegea teyeyaghſe yagorighwayendaſe ne orighwadogeaghtitſerago ne Iagonniaks'k, nenahotea Niyoghne neoni Siyagotkeaniſſon waondonderene, neoni wagaghniratſtaghkwe nenageah Sinadenyaddadd'yeraſe waghniweaneandane, ne wagarihoeni waghyadaddeſnoghſa Siniweyeendightaghkon ne waghnirihowannaghte; ne wahoeni wagerihhowanaghte ne onea rodighyago, ne Raghſeungon ne Raniha, neoni ne Ronwaye, neoni ne Ronigoghriyoughſtough. *Amem.*

The Order for the Burial of the Dead.

INene Enjontkitſkwaghte neoni ne Enjondonhetſte, Radough ne Royaner Niyoh: Ne I'tſeragough D'yagawightaghkon ne enyagonhegge, ok oni ne ayagaweaheiyon; neoni niyadeyagough ne yagonhe, I'tſeragough D'yagawigh-

wightaghkon, yaghta ya-ihheye ne finiyenheiwe.
Johannis xi. 25, 26.

WAgaderiyeendare ne Raknereahfhough ronhe, neoni enhadagge oghwenfiyage Senenwadighniferookte. Ethofenene Oedfinoenwa ne gighnakfke one enyodidijharongweah, neoni enyodighfon ageronge, Segoughfane enfk'yadoendagge akkaghtegge enfhigeah Niyoh. *Job* xix. 25, 26, 27.

YAgh-utheino teyonwahhe ne Oghwhenfiage, neoni kadogeaghfihugh yagh-utheino 'thaanfayagwayagehwe. Ne Royaner fagowie, ne Royaner oni fafhagoghkwa; ne Raoghfeana ne Royaner yoneandont. 1 *Tim.* vi. 7.

※※※※※※※※※※※※※※※※※

Man that is born, &c.

NE Ongwe ne Agoonheghti yondaddadowedou, gean ok niyagawighniferage, neoni ne finadeyonnoghtyanight, Rodightyaghrond'ye siniyught yojiejaghraragon ne Sayeyage; neoni Sahaddegough siniyught ne yodaghfaderre, neoni yaghta onesinayoughtough.

Sadeyag'yonhihe yoggweahheiyoughfe: Kanayagwarighwhifagge ayonkhefnienough, Ifekea, O Sayaner, nenene yoderighwagwarighfhough sarihwaffweah ongwarighwanner'rakfera?

Sagoughfane, O siniyoughtferadageghti Sayaner,

ner, O seeshatse Sayaner, O S'yadadogeaghtie neoni Sanidareahserawane karonkyagon Siyadehawightha, toghsa taggwayadond'yeght ne Si'd'yonnowhakteghsihon ne Siniyenheiwe Geheiyough.

Saderiyeendare, Sayaner, ne yaddaghsightanniyon Ongweriyane: Toghsa netaghsadehongtagwegge sisanidareskough ne Ongwadereanayent; ok taggwayadanoghstat, O Sayadadogeaghtie Sayaner, agwegough 'thihaeshatse Niyoh, rayadadogeaghtie neoni ronidareskon Sagoghnereghshough; taggwadouweyeendo ne oena yongwadoktanire eyagweghheiye ne agarihoni Siokniyonnewakte ne agwayad'oentie.

For as much as it hath pleased, &c.

NE Raweron ne agwegough 'thihaeshatste Niyoh, Sironidareghtserowane ne Agodonhetst *agwaddadege (ongwaddenosehha)*, ne onwa yagawehheiyon, waddissaggoyadaghkwe, ne wagarighhonie *Rayeronge (Kayeronge)* siyong'yadadda-astha wagwaye; *Oghwensia geaghne, Oghwensia soendon; togeskeoenwe Jorharatst ne Enjonketskoe sione Siniyenheiwe engene Songwayaner Jesus Christus ne enyagonhenniyonge; ne geheiyouhse ne Agoyeronge nenene raonhtseragon yaghheiyoughse Tenshadeini neoni onweseghtsera

* Here Earth shall be cast upon the Body, by some standing by.

ſeghtſera Rayeronge ſadenhayere, ne sinihogwenniyaet okthiwagwegough.

※※※※※※※※※※※※※※※※※※※※※

I heard a Voice from Heaven ſay, &c.

NEONI waakhewenarongge Karonghyage tondewenayeghtagkhwe, nenene wa-ongweaghhaghſe, S'yadough, Karonghyage eanyeghte ne yagaweaheiyoghſerough, nenene Royanertſeragough, ne ya-yghheiyoghſe, onea-okonwa, etho wadough ne Kanigoenra, ne wahoeni ayondonſheagh ne Siniyagoyodeaghſeroghkwe, neoni Agodeweyena wagoghſereghte. *Rev.* xiv. 13.

Let us pray, *Dewaddereanaie.*
Kayaner Taggwanderhek.
Chriſtus Taggwandarhek.
Kayaner Taggwanderhek.

The Lord's Prayer.

Ra-odereanayent ne Royaner.

SOngwaniha ne Karongyage tighſideron; waſaghſeandogeahtine, Sayanert-ſera iewe; taghſerra Eghniawan, tsiniyought Karongyagough, oni Oghwentſiage: Niyadewighniſerage tackwanadaranondaghſik nonwa; neoni tondawarighwiyoughſton, siniyought oni jakwadederighwiyoughſteani; neoni toghſa daghwaghſarineght dewaddatdennageraghtongge, neſane ſadjadagwaghs ne Kondigkſeroheanſe. *Amen.*

Ejiheſt.

Ejiheſt.

SEſhatſeaghſeragwegough Niyoh, ne sidyagonhenn'yon ne Agodonhetſhogoon nenaeyadotea nenene Royanerne ya-ihheiyouſe, ne yeanye ne Agonigoonra ne D'yagawightaghkon, ne onea ſiyagoddyen nenegeah Agoyeronda, yagoghwiſhehneane yotſenoeniyaet, neoni Enyondonhare; wagwadoenrea Ongweriaghſagon, neſiſeron nenegeah *Aggwadaddegeahkeahha (Ongwadenoſeahheaghkeahha)* nenegeah siyagoronkyagighne ne yorighwannerakſkough Siyougwenſiade, wagweanideghte ne yaghte yeyodookte Sayennereghtſera neneſeron geanoknaauwea ne siniyagon Siyadoghronghweagh ne yagayerine, neoni Onweſeghtſera Sayanertſera ne taonſterihhea; ne wahoeni ne Sadayong'youghſton ne yegwegough nenene togeſkeoenwe D'yagawightaghkon Saghſeanadogeaghti yagaweaheiyoughſeron, ya-anyonwe kaweyennendahughtſihougk neoni Ayagodaſhatſtonkagge, oktha tejarea Agoyeronge neoni Agonigoonra, ne siniyenheiwe tuitkont one sinayoughton Sonweſeghtſera, ne rerihoeni Jeſus Chriſtus Songgwayaner. *Amen.*

Ejiheſt.

ORonidareſkough Niyoh, Raniha ſonggwayaner Jeſus Chriſtus, nenene Enyontkitſkwaghte neoni Enyondonhetſte; raonhatſeragon yegwegough Onkagieok D'yagawightaghkoene, enyagonhegge, ok oni ayayheiye; neoni onkagieok enyonhegge, ne raonhatſeragon, enyagoyagowightaghkon, ne yaghta yayheiye ne siniyenheiwe, nene oni fongwarighhoeniyeendough, raoyadadogeaghtie Paulus, yaghte yongwanegoenranea ne siniyeyadodeanfe nenene yaghta yondaddirharonn'yon, nenene raonhatferagon waondonrifferaghton; wagweanideghte Kaniogonragoen, o Raniha, ahfeh're afkwagitfko ne Gehheiyaetne ne Karighwannerrea ne Siyondonhetftha ne Yoderighwagwadaggweah; ne wahoeni katkegiok nene geagaye Siyagyonhe one enyagweaghheiye, raonhatferagon ayongwadonharagge, fadeyoughtaghkon yongwarhare, nenegeah *Agwaddadegeahkeaghha (ongwadenofeahhahkeaghha)* onwa yagodonhahhere; ne finayongweagh ne agwegoonfe Enjontkitfko ne sinadentheghroughfa Enwighniferadegge, ne Aafhinnoghwhenferon, nenene Oyadaderightfera ayondado nenahotea, Eghtsinoonwightfihon Eghtfiyeenah Jefns Chriftus ethone yenfhagodadd'yafe ne yegwegoonfe ne yefanoonwefe neoni neoni Yagorighwhiyougfton, Enhearon, Garo gaffewight, yetfiyadadderifton Sagoyahogooah Rageniha, ne ayetfiyon ne Kayanertfera ne yetfihferoeniyeeni ne fondonwhenfiadaghfawe: Tagg'yon geangaye, wagweanideghte, O ronidareaghferowane Raniha, ne rorihoeni Jefus Chriftns Songwarighwaghferoeniyeni neoni Songwaghnereghfhongh. *Amen.*

The Grace of our Lord Jefus, &c.

NE Raodearat Jefus Chriftus, neoni Ranorunkkwa Niyoh, neon Raodyonghkwa ne Ronigoghriyoughftough, agwegongh addowefegge siniyeheinwe. *Amen.*

(196)

Part of the Singing Pſalms.

*Dedewariwak aeghſidewanaendonk Niyoh Raowe-
ſeghſera.*

Pſalm 23.

Terighwaghkwata Tewaghſa aſſeagh yeware.

1. NE Ro - ya - ner Rak - ha - we - ſe,
    Yagh - teen - ſe ha - on - gwe,
Ne wa - hag - ge Na - ſea - hagh - ſe,
    Yo - doong Ni - gon - hegh - kon,

2. Ne Rak - g'ya - deagh ha - wigh - ta - na
    Ne ſied - kogh ne - gi - yo
Nigh - ron - hoat - douſt - tha a - gwe - gough
    Ne O - righ - wan - ner - rea.

3. Ne - o - ni rag - gya - deagh - wight - t'ha
    Ne ſied - ka - ya - noon - ne
Ne yot - de - righ - wak - gwa - reagh - ſheah
    Wa - hoon - ni ſagh - ſea - na.

4. Ok noon - ni gigh - he - yogh - ſe - re,
    Yagh - tea get - ſa - nik - ge.
Ne yot - hei - noon yo - dak - ſea - ſe,
    Eg - ge tag - ge - noonk - ne.

5. Ne - o - ni tag - ge - noonk - ne na,
    O - ni wa - yon - ha - dea,
                                        Et - ho,

Et - ho, fe - na - ga - yan - ne - ron,
 En - wak - fe - re - feg - ge.

6. Ne ok gwegh - ni - fe - ra - gwe - gough,
 Ne - fi na - gon - heg - ge,
Ne ga - doon ne Ro - ya - ner - ne
 Ne fi - ni - ye - hein - we.

✽✽✽✽✽✽✽✽✽✽✽✽✽✽✽✽✽✽✽✽✽✽

Pfalm 67.

*Terighwaghkwata yayak niwaghfa jadak yet-ja-
 ware.*

1. NI - yoh fong - gwen - daen - rungh,
  Tag - gwa - ya - ta - dy - rift.
 Ne wa - hoon - ni, ne fa - ha - ha,
  Yen - de - righ, ogh - when - ja.

2. Ne on - gwe - ho - goon - agh,
  Gwe - gough, ni - yoh, fonde
 Ront - fe - noon - ne, ogh - ne gwagh - fa,
  O - ni yon - dont - ha - rongh.

3. Wa - hoon - ni on - gwe - da,
  Ne donks - hak - hogh - fhon - go,
 Yot - de - righ - wa - gwa - fhunk - fe - ra.
  Ne - o - ni, ogh - when - ja.

4. Ons - he - yat - fte - rif - te,
  Et - ho, he ya - o - di,
 Ne ogh - when - ja. en - ya - go ⁂ wagh
  Ni - yoh, fong - gwen - da - ronk.

Ne - o - ni a - gwe - gough,
Ne en - hoon - wat - ſa - nigh ſek - ge
Si - yo - dogh - wen - jok - te.

Pſalm 100.

Terighwaghkwata onſkat towwennowwe.

1. YE - ſe - ſo - hoh, hon - ja - gwe - gough,
 De - ſe - wa - hei - righ - tan, ni - yoh
Egh - ſi - yo - deſt, ne Ro - ya - ner,
 Ne - ne ya - gwat - ſe - uo - ni - vaet.

2. Kaar kaſ - ſa - wight aeds - d'ya - gos - ſon
 Yod - ſe - noon - yad, yon - kwa - dregh - tha
Nogh - ſe - wa - ni - gogh ra - do - gea,
 Ne Ro - ya - ner, ne - na, Ni - yoh;

3. Nok Ni - yoh ſon - kwa - ya - diſ - ſon,
 Ra - ong - ha ra - o - di - yogh - kwa,
Ne ra - ongh - ha, ne Ro - ya - ner,
 Ne - ne ſa - go - ye - ho - kon wa.

4. Eght - ſi - de - wa - do - re, ni - yoh,
 I - kea ka - ya - ner - ſe - ri - o,
Ro - ni - de - reſ - kon, go - wa - no,
 Tho - righ - wa - ye - re ſin - hein - we.

Pſalm

Psalm 103.

Terighwaghkwata onskat-towwennewwe asseagh-yet-jawari.

1. A-Gwa-don-hetst et-ne-an-dong.
   Ne Ka-ya-ner tuit-kont.
   Ge-ne-goon-ra, tho-na-sad-d'yer,
   Ne-o-ni, a-gwe-gough.

2. Si-ni-yo-dagh segh-tonk-gwe-ri.
   On-we-segh-se-ra na,
   Ne si-ro-ya-da-do-geagh-ti,
   Ne ragh-san-ne-wa-ne.

3. Eght-si-se-wa-doon-reagh ni-yoh
   Wa-hoon-ni Ro-yan-re
   Togh-sa yagh-tha-sa-doon-ra-ne,
   Togh-sa sa-ni-gorh-hea.

4. Ne ra-o-yan-ne-reagh-se-ra,
   Ne sa-ni-goon-ra-gough,
   A-on da-ga-ya-gean-seg-ge,
   Ne sa-regh-wi-yough-stough.

5. Ne sa-righ-wa-ner-ok-se-ra,
   O-ni ye-sa-jeen-dough,
   Ne na a-ga-ye-ya-gook-gwah.
   Son-heh-gonk ya-googh-gwen.

Psalm

Pſalm 117.

Terighwaghkwata onſkat towwennowwe onſkat yoſughſerote jadak yet-jawari.

1. YE - ſe - ſin - di - yogh kwa - gwe - gough
    Ed - ſi - de - wa - nean - don,
Ne ni - yoh ne on - gwe - tag - we,
    Ya - de - yong - gwe - dag - ge.

2. I - kea ro - de - righ - wi - yough - ſtough,
    Sa - go - ye - ho - kon ŷ wa,
Ni - ſa - go - yer - ha kag - kwa - ne,
    Ne t'ho - righ - wa - ye - ri.

Pſalm 134.

Terighwaghkwata onſkat towwennowwe aſſeagh yoſughſerote kaieri yejawari.

1. YE - ſe - eght - ſi - wa - ya - ner,
    Egh - ſi - ſe - wa - nean - don,
Jon - ha - ne - iſ - ſe wa - de - na,
    Ne - ra - o - nogh - ſa - gough.

2. Se - ni - ſnunks - ſa - gets - kogh - ni - yoh,
    Eght - jo - doghks yor - hei - gaat
Tuit - kont egh - ſe - naen - don ni - yoh,
    Se - we - ni - yaghk - ſagh - gough.

3. Ok - ti

3. Ok - ti wa - gwe - gough ra - o - ni,
   Ne ſi - neans - ſa - ga - weagh,
Sy - on ra - o - yen - ne reghs' - ra
   N'ye - hein - we - ne ron - he.

A Thanks-giving after receiving of the Lord's Supper.

Ne yondonghradaghkwa ne oenea yagoyadara-ugh ne yogaraſkhe ka-gough ne Royaner.

RO - ya - ner wa - hoon - wa - doon - reagh,
   Wa - hoon - ni Ra - dye - ſegh
Ne Ra - o - yen ne reaght - ſe - ra,
   Ne ſa - go na dong - nigh.

Ne ſa - go Ya - da - do - geagh - ti:
   Wa - hoon - wa - nean - doon - te,
On - gwe - nagh - ſaks - ke yaght' ya - wigh't
   Ne a - hoon - wa - nean - dough.

Ro - ya - ner, de - ha - deant - ſa - ask
   On - gwe - ri yaght ya - wight,
Et - ho a - hoon - we - nogh - ton - yough,
   Si - na - de - ha - deant - ſa.

Ne Ro - ya - nert - ſe - ro - wa - neh
   Si - niſ - ſon - gwa - ye - rea,
Ne Yon - gwa - righ - wa - ne - rak ſtough,
   Ne na a - gwagh ſnun - ge.

Yagh - te yor - ha - rat - ſtean - ni - nyogh,
   Aſ - ha - gwa - ye - rietſ - ſe,

O Se - wa -

O Se-wa-righ-wa-ne-rak-ſtough,
 Ne Jon-gwe-ho-goon-agh.

Ne na yo-yan-ne-reagh-ſe-ra,
 Ne De-ſa-yen-dagh-tong,
Ro-ya-nert-ne te-ſa-dent-ſo,
 Ne agh-yagh-ſweagh-ſeg-ge.

A Prayer to the Holy Ghoſt, to be ſung before the Sermon.

Ne Addereanyent ne Ronigoghriyoughſtoughne, ne wahooni ne Si-nenyonderighwaghnodough Tenyerighwaghkwaathagge.

GA-ro Ro-ni-gogh-ri yough-ſtough,
 Ne ſa-gwe-n'yat, Ni-yoh,
O-ni a-gwe-gough Tag-gwe-yuſks
 Sa-we-na-do-geah-ti.

Ne na-agh Tag-gwa-ri-hoon-ni
 A-ya-gwa-yen-dyer-ha.
Ne Wa-ga-righ-hoon-ni yagh-te,
 T'ha-ya-gwagh-Ka-wa-ne.

O ne Sa-ni-gogh-ri-yough-ſtough,
 Ne Tagh-yough When-jo-rean,
Tag-gwan-he Si-ni-ſa-gwen-n'yeat,
 Si-ni-yo-dak-ſean ſa.

O Sa-ya-ner Tag-gwagh Sni-'nough,
 Ne-na Yonk-hiſ-ſwangh-ſa,
Ne-o-ni a-yeak hi-ſea-ni,
 Sa-ya-ner de-hegh-ſn'yegh.

On-gwa-

On - gwa - ya - ner - koo ne - o - ni
   Ne Se - ya - da - dy - tiſt,
Ron - waw - we - na - waak - hoogh - had - dyegh,
   Ro - dy - ye na Wa - gough.

Ne E - van - ge - li - ſe - ra - gough,
   G'yegh - tha Ka - rongh - ya ge,
Ne ya - go - ya - dea - ha - wight - ha,
   Ne na Chriſ - tus tuit - kont.

O Sa - ya - ner ne Se - yaw - he
   Sa - wea - na - do - geah - ti,
Ne ſen - haan a - hont - ka - dad - de,
   Ra - di - je - heſ - ta - ye.

Wa - hoon - ni ne Sa - ga - ri - wat,
   Sa - en - gwa - ni - goon - rat,
A - on - dough ne - o - ni et - ho,
   Ne A - ya - g'yon - heg - ge.

Ne - o - ni A - ya - gwagh - hei - ye,
   Ne Si - ni - ye - hein - we,
En - ya - go - daſ - katſ - ſtough - hag - ge,
   Na na Ka - rongh - ya - gough.

Gloria Patria, &c.

Rot-kanieſt ne Raniha.

1. ROt - kon - ni - eſt ne Ra - ni - ha,
   Ne - o - ni Ron - wa - ye

                      Ne - o - ni

(204)

Ne - o - ni ne ſa - daent - yogh - tong
   Ro - ni - gogh - ri - yough - ſtough.

2. Si - ni - yught - ton - d'yo - dogh - ſa - wagh
   Se - ra - gough egh - ne - yogh.
On - wa ne tuit - kont a - gwe - gough
   Ne ſi - ni - ye - hien - we.

THE END.

www.ingramcontent.com/pod-product-compliance
Lightning Source LLC
Chambersburg PA
CBHW020905230426
43666CB00008B/1322